JN024816

場末のシネマパラダイス

本宮映画劇場

大地の底から割って現われた地底人と正義の味方まぼろし探偵の光線ピストルの大冒険！
空を飛ぶ自動車！
火をふく特急こだま号！
ゆれ動く東京タワー！
ウルトラスコープ
吉永小百合
（特別出演）
加藤弘
宮田洋容
内海突破
二本柳寛
汐見洋
原作 桑田次郎 撮影 川口和男
特撮 黒田武一 監督 近藤竜太郎
まぼろし探偵
地底人
新映プロ配給
5日 10時より
映劇

「田舎の映画館だから、小さな配給会社が営業に来るのよ。付き合いで1回は上映したけど、今思うと、怪しげなインチキ映画も多かった」

凄い！日本一の怪談映画！

お化け映画大会

そら出たッ！また出たッ！

怪奇

凄惨

身の毛もよだつ怨霊の呪い！

黄金3本立

怪猫化け猫大騒動

怪談大江戸七変化

四谷怪談・お岩の亡霊

「おばけ映画は、かならずお客さんが入ったんだ」

力道山追悼記念公開！
シネマスコープ
世界の王者！力道山は生きてゐる！長篇記録に再現せる鮮血史！
怒涛の空手チョップ
ああ！花の生涯
栄冠を賭けて怒り狂う世界の強豪
血と汗で綴る不滅の斗魂！
新日映配給
19日 映劇

ウルトラスコープ
大空を飛び火中を突破る鋼鉄の巨人
スーパージャイアンツ
悪魔の化身
宇津井健
瀬戸麗子
宮田文子
明日香実
監督＝赤坂長義
脚本＝宮川一郎
撮影＝岡田公道
音楽＝長瀬貞夫
新日映配給

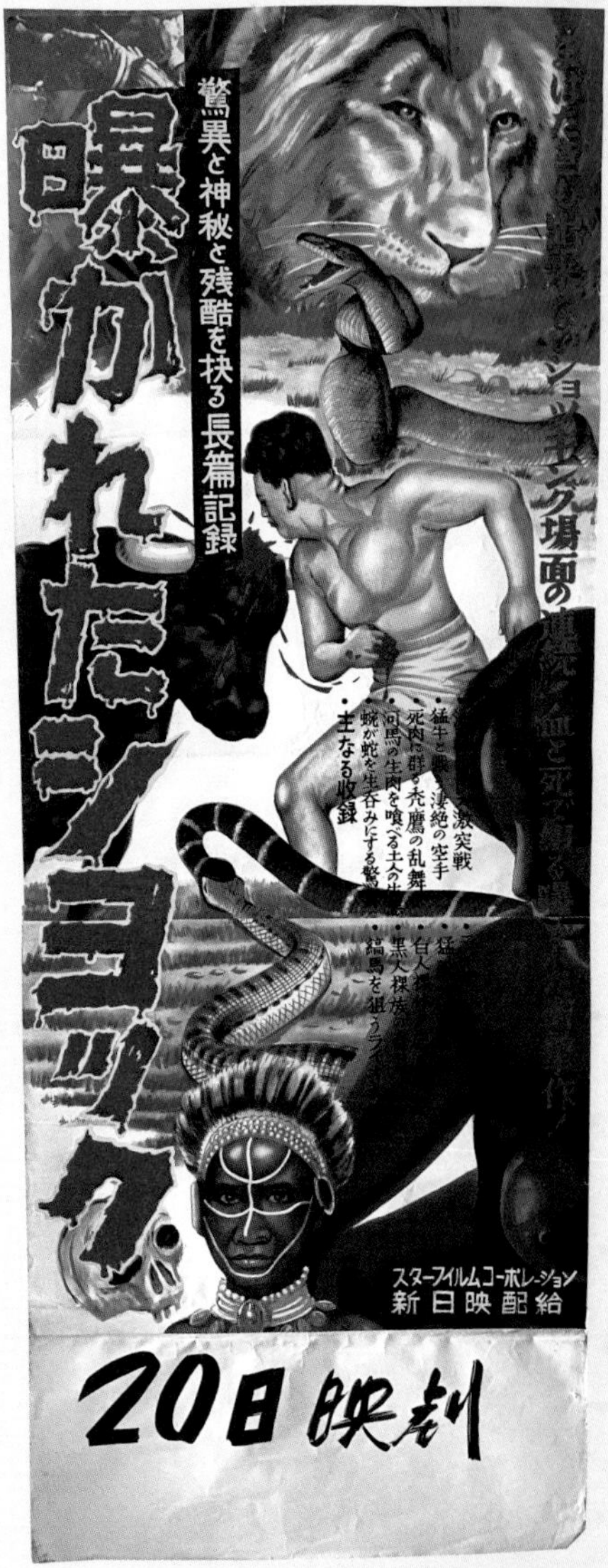

驚異と神秘と残酷を抉る長篇記録
曝かれたショック
スターフイルムコーポレーション
新日映配給
20日映劇

日米対抗
女子プロレスリング
女子プロレス映画の決定版
金髪女性に血斗を挑む大和撫子！
黒髪の乙女の勝利か？
アイリン・キャロル
シモーヌ・マリアン
水原久美
柳勝美
後藤文代
東海滝子
双見昭子
川瀬幸子
本堂治子
山本芳子
吉葉礼子
配給・宝映株式会社

弾丸より速い人間ロケット！正義のナイト
地球最后の日
謎の指輪
監督 三輪彰
浅見比呂志
鮎川浩
小高まさる

製作／矢元照雄
監督／関孝司
全裸の女ターザン、生れ
DESIRE IN CAVERN
情欲の洞窟
国映株式会社製作・配給

情欲の谷間
スリルとエロティシズムの連続で異常な昂奮を呼ぶ話題作！
KOKUEI SCOPE
K.E PRODUCTION PRESENTS
鍵穴の肢体
キャロア・ミレス
コニー・ライス
国映株式会社製作配給

アイディア勝負のピンク映画

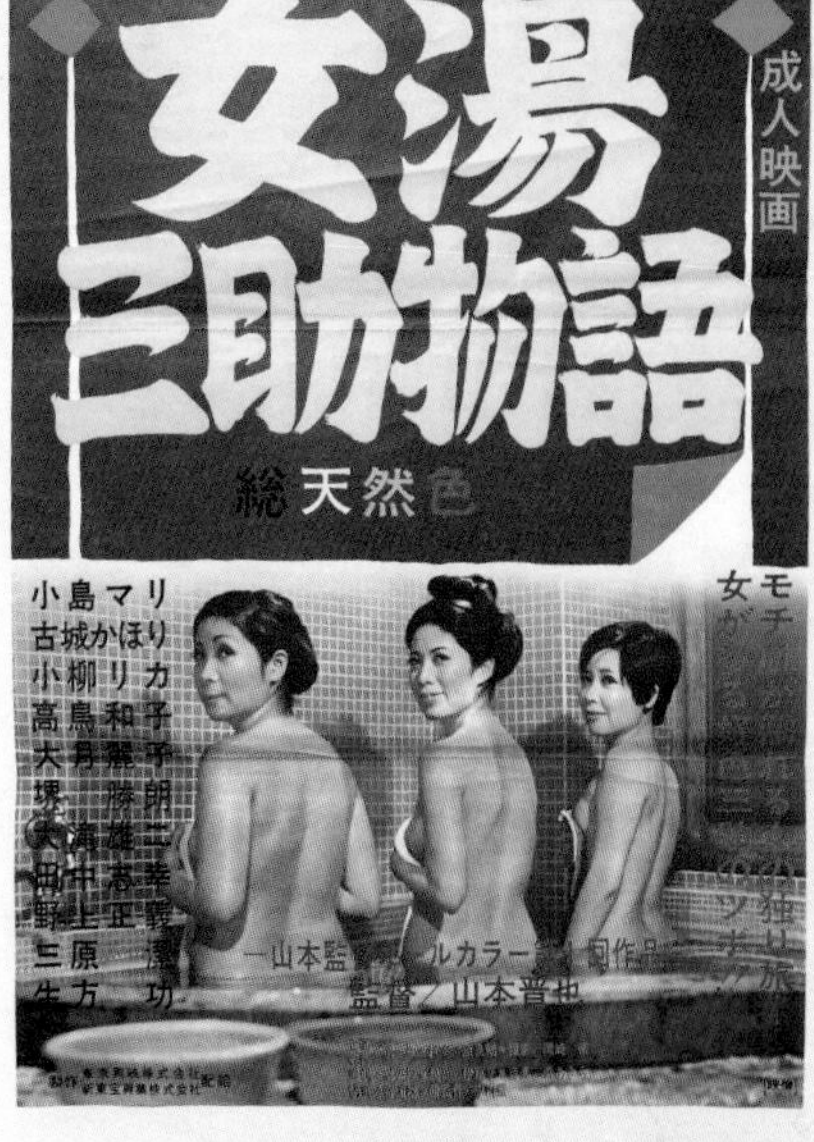

実演ポスターの数々

豪華 浪曲大会 民謡 歌謡 ショウ
新生 爆笑浪曲の王者
日吉川秋水
唄いまくる青年の主将
春日井若梅鶯
米若師に勝る芸豪
寿々木米春
天津加津子
再生 女流浪曲の横綱
春日井おかめ
唄いまくる ヒット歌謡パレード
十二月十六日
本宮座
入場料 二百円

東京新生座
此の世の地獄! 悲しい事実物語り
お初地蔵の由来
月ヶ瀬美津枝 大一座

初公開だれもみたことない!
「華のお江戸」
おいらんショウ
ヌード芸術の最高
実演
26日 夜8時ヨリ
¥200 映劇

女子 小人 プロレスリング大試合 と
20世紀のスリラー大魔術
肉弾相搏つ選手権試合!
人体浮揚、日本初登場、美女空中回転
巴ユキ子
ジョージ岡部
山口洋子
唐 柔太
田中圭子
プリティアトム
宮本芳子
ダイナマイトキング
岡田京子
中島まゆみ
五月三日於本宮映劇

チラシのいろいろ

西部劇、戦争映画、ショウ映画の強力3本立てから、名画、実演チラシまで

上映中
次週上映

田村興行社
冷菓部さんに

丹下左膳

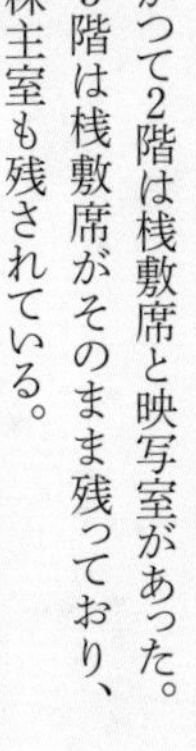

かつて2階は桟敷席と映写室があった。3階は桟敷席がそのまま残っており、株主室も残されている。

神聖なる映写室

現在、映写室には2台のカーボン式映写機が設置されている。1号機はローヤルL型。2号機は複合機となっている。映写機を作動させるための水銀整流器が現役。カーボン式映写機、水銀整流器が稼働しているのは日本では稀である。かつては、2階に映写室があり扉は鉄製だった。

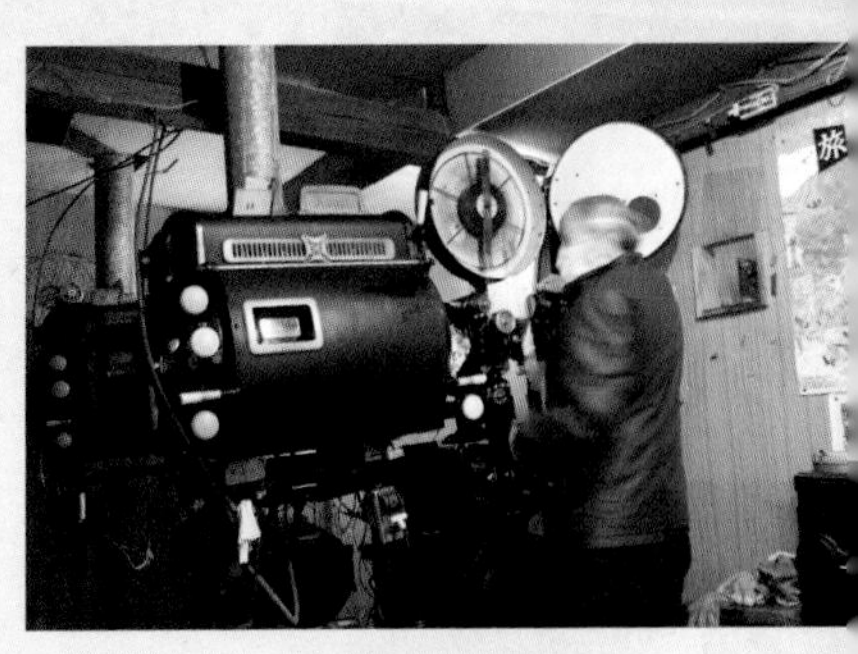

水銀整流器は
タコ整流器と呼ばれている。
その内部と外側。

六邦映画株式会社
六邦
六邦映画株式会社
六邦
六邦映画株式会社
六邦
六邦映画株式会社
六邦
六邦映画株式会社

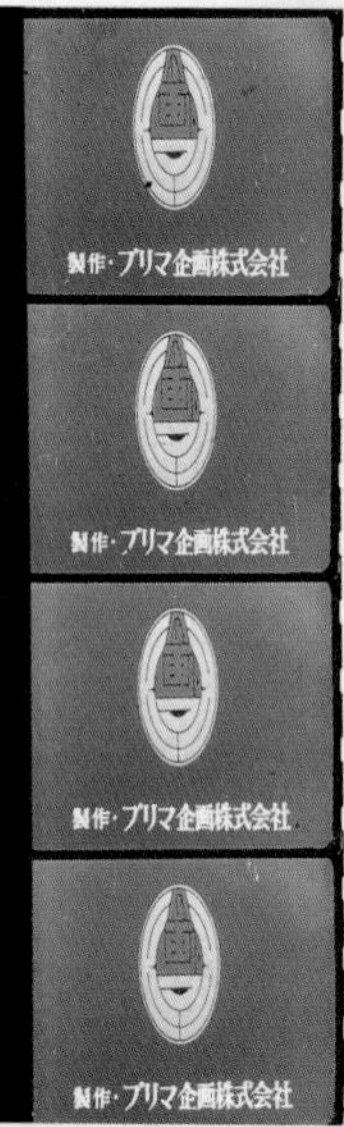
製作・プリマ企画株式会社
製作・プリマ企画株式会社
製作・プリマ企画株式会社
製作・プリマ企画株式会社

葵映画株式会社
葵映画株式会社
葵映画株式会社
葵映画株式会社
葵映画株式会社

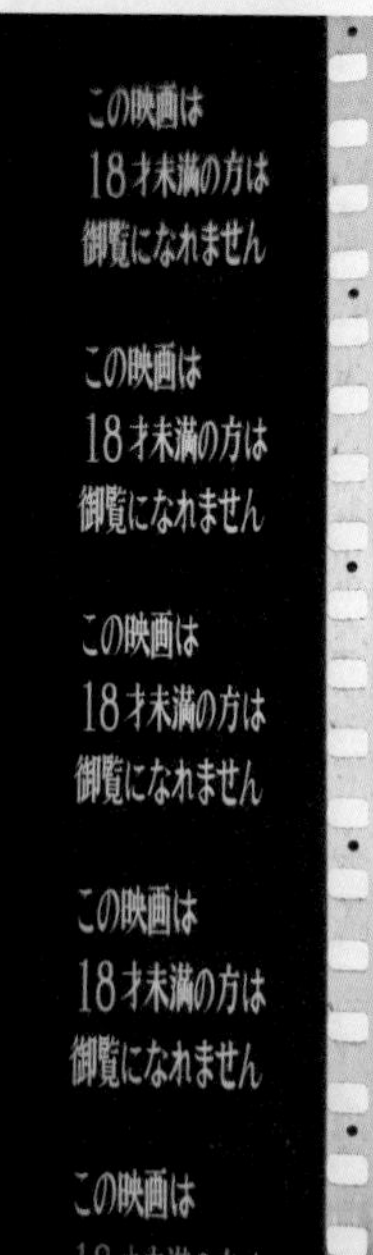
この映画は
18才未満の方は
御覧になれません
この映画は
18才未満の方は
御覧になれません
この映画は
18才未満の方は
御覧になれません
この映画は
18才未満の方は
御覧になれません
この映画は
18才未満の方は

水害にあったフィルムたち

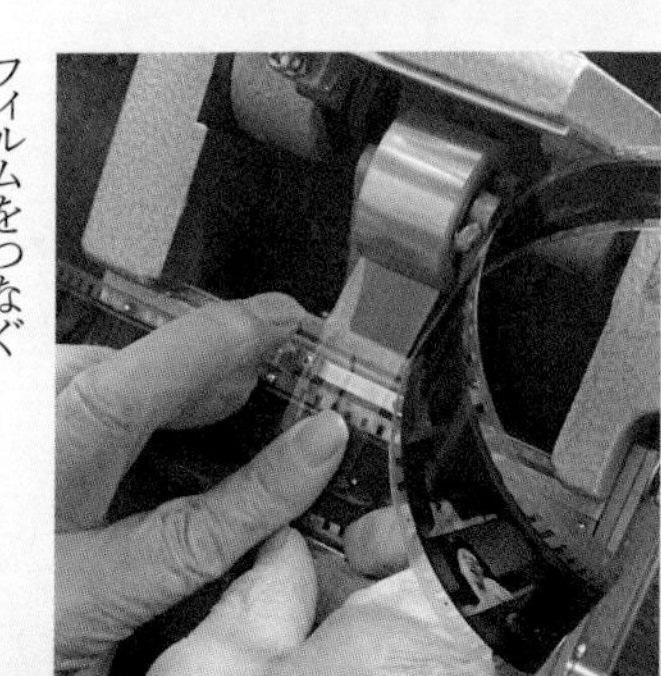
フィルムをつなぐスプライサー

本宮映画劇場はつづく

館主・田村修司の定位置

目次

タイトル文字　檜垣紀六
イラスト　東陽片岡
ブックデザイン　倉地亜紀子

プロローグ

福島県本宮市にある町の映画館が、わたしの実家。自宅から五〇メートルほど離れた場所に本宮映画劇場がある。築一〇〇年をゆうに超えている建物だ。いつもはひっそりとしているが、日本で唯一、カーボン式映写機（カーボンアーク式映写機）がいつでも稼働するところ。不定期で上映会を開催したり、ときには見学者のために少しだけ上映してみせる、ちょっと変わった現役の映画館。

本宮映画劇場は新作映画を真っ先に上映する「封切館」でもなければ、いわゆる「名画座」というわけでもない田舎町の映画館だった。

「場末の映画館」といった方がしっくりくるかな。

わが町は福島県中通り、東北新幹線郡山駅まで東京から一時間ちょっと、そこで東北本線に乗り換えて、福島方面北へ三つ目の本宮駅が玄関となる。

日本映画の全盛期、映画会社は新作を毎週封切ると、以降、下番館といわれる全国津々浦々の映画館にフィルムを貸し出していった。フィルムがまわるルートは番線と呼ばれ、順に映画館には◯◯番館という番号名がふりわけられた。

本宮市が安達郡本宮町であったころ、当劇場は終点から二番目だった。フィルムの終点はさらに田舎の映画館。宅配便もなく、ネット配信など空想もしなかった時代のこと。列車で運ばれて届いたフィルムを駅まで行って受け取る。

映画が封切られてから時間がたち、ぼろぼろのフィルムがやってくる。戦後はとくにフィルムの材質が悪かったため、上映途中にトラブルが発生しないように、フィルムの点検は念入りにしたりしなかったり。おかげで田舎の映写技師の腕前はドンドン上達していった。

いざ上映開始！

お正月封切の映画も、当劇場で上映するのは夏も近づくころ。観ている側は半袖なのに、スタアはオーバーを着て吐く息が白い。夏の封切映画の場合、本宮町には雪が降り積もり、ダルマストーブが燃えているのに、スクリーンではスタアが水着で登場している。

番線のラスト二番目だったので、封切から約半年遅れての上映ということが平常状態だったわけである。

フィルム点検の結果、ラブシーンが話題の映画で肝心のラブシーンがなくなっていても驚かない。あちこちの映画館で、切れたところをつないでいくうちに九〇分の映画が八〇分になっていたりすることもしばしば。季節感がずれていようと、内容が飛んでいようと、不思議とお客さんからの苦情は少なかった。これが田舎の映画館の姿。

本宮映画劇場には、古い映画の資料や物が残っている。正直、どれほどの歴史的価値があるのか判断がつかないが、他には存在しない成人映画のフィルムもあって、それがメディアに取り上げられたりもする。そのためピンク専門の成人映画館だったと勘違いされることも。そんなときでも、父はいちいち訂正するでもなく、「他人はそこまで気にしねばい」と、いつもの本宮弁で飄々としたもの。わたしも「外壁もピンク色だし、まっ、いいか」と笑ってしまう。

劇場は、わたしが幼いころには常設館ではなくなっていた。いつもは閉まっているのだが日曜日になると扉が開く。朝早くから掃除をしたり映写機をメンテナンスしたり……。作業する父を横目に劇場はわたしの遊び場だった。

町の人には、ただのおんぼろ屋敷にしか見えていなかったようだが、扉が開く日曜日には姉二人やいとこたちとカクレンボをしていた。父と二人だけのときには何か遊びを発明して一人で遊んでいたように思う。

今でも映画館の扉を開けると通りすがりの人が自然に吸い込まれるように入ってくる。劇場というのはなんとなく特別な空間らしい。

劇場には不思議なパワーがあり人を惹きつける、わたしはそう信じている。

父は映画をちょっとだけ上映してくれることもあった。いつもはジッとしている映写機がカタカタと音をたて、暗闇のなかスクリーンに映画が映ると、ドキドキわくわくした。それは古い映画の予告篇や、ほんの一部分の上映だったけれど、特別なひとときだった。そして今でも、その思い出は、はっきりと心に残っている。

そんな、ちょっと変わった「映画館の娘」としてわたしは育った。

映画が華やかだった時代のエピソードを父はたくさん話してくれる。それはわたしが幼いころから今もつきることはない。この劇場には歴史と文化がつまっていて、映画に活気があった時代の空気が今も残っているからだろう。

父の口から語られるさまざまなエピソードは、わたしにとって「映画」そのものなのだ。言葉は、わたしの頭のなかで映像となって、懐かしい情景を浮かび上がらせる。

今では、父の気が向いたときだけ上映が行なわれる風変わりな映画劇場ではあるけれど、「わたしの家は映画館」という気持は子どものころと変わらない。

そんなわたしの記憶のなかだけに仕舞い込んであった父から聞いた話や劇場に残る映画にまつわる物を、これからみなさんに知っていただきたいと思う。

金丸食堂
森永牛乳
百万弗パチンコ
キャバレーレグルス
高橋

大映
東映スコープ
総天然色
黒部谷の大剣客
総天然色
黒部谷の大剣客
総天然色
黒部谷の大剣客
マルハマ

第一部 素晴らしき哉、映画館！

ポスターあっての映画館

「劇場にポスター貼ってあっと、現役の映画館みたいだばい。なんにも貼ってないとさみしくて、つぶれた映画館みたいになっちゃうの。ポスター貼ってあっと、生き生きすんだ」父がよくいう言葉に同感するわたし。ちなみに「だばい」は相手に同意を求めるときの方言。「でしょう」くらいのニュアンス。本宮ではよく使う。

劇場はずっと生きている。気づけば、わたしもポスターが好きで、長年ひそかに集めている。マニアではないので、父同様に画鋲でがしがし貼っちゃうし、額にいれるのも正直あまり好きではない。多少雑にあつかい、劇場に貼るのが一番だなと思っている。

当劇場にポスターが残る映画を実際に名画座などで観ることが、わたしの今の楽しみ。うちには常設館時代のものや、休館後も父が集めた膨大なポスターがある。いまだその全貌がつかめていない。

子どものころから劇場は営業しているわけではなくても、いつもポスターが貼ってあった。そしてよく貼り替えられているのだ。それは、今でも変わらずに。

なんだろう、この映画？　なんだろう、これ？

高校生のころかな？　以前ほど劇場には足をふみいれなくなっていたが、自宅にポスターがある場所を見つけた。

ピンク映画のポスター、いろんな映画のポスターがたくさんあって、

「わー、これへんなデザイン〜」「なんだこのタイトルは?・」「名器?・」なんて、ときどきそのポスターを見ては一人こっそりと楽しんでいた。

女子高生のわたしは「久保新二」や「谷ナオミ」なんて役者名を自然と憶えてしまった。数年前に東京で今も元気いっぱいの久保新二さんと出会った。それからは劇場にも来ていただいたり、お茶をしたり……。ポスターの文字のうえの人物が身近な存在となり、ものすごく不思議な気持がしている。

二〇一二年にwebちくま連載「独居老人スタイル」の取材で、都築響一さんが本宮へ来てくれた。わたしがフードスタイリストの仕事でお世話になっていた元サントリーの井上眞理さんが、父と劇場のことに早くから興味をもってくれて、都築さんに紹介してくれたのだ。

「独居老人」という言葉は聞き慣れなかったけれど、まあ実際そうだし、都築さんならぜひ! 父には「明るく元気に暮らす人の取材みたい」と、てきとうに伝えておいた。

都築さんは聞き上手で、乗ってきた父はわたしも見たことがない古いチラシを出してきた。都築さんは、そのチラシのデザインセンスに驚いたようす。

自分が作ったチラシをほめられて、父もとても嬉しそうだった。

その後、都築さんのおかげもあって知り合いも増えて、二〇一三年に浅草のイベント「アサクサ・コレクション」に参加することになった。ちょうど、浅草から映画館がなくなったばかりでもあったので、かつて映画館で賑わった浅草でポスター展示することは、意義があるかもしれない。うちみたいな田舎の映画館が浅草でポスター展示なんてすごいことではないかとも思ったのである。

さて、どんなポスターがいいかなあ？　とさっそく父に相談すると、

「東京は洗練された古いポスターはいっぱいあっから、泥くさい、田舎っぽい、場末っぽいポスターがいい」

と、今まで父がひそかに隠しもっていたポスターをいろいろだしてきてくれた。それを見たときは驚いた。

うさんくさいポスターの数々。

たしかに、東京では見たことがないし、父の昔ながらの考え方で展示したほうがおもしろそうか、これは。

浪曲、花魁ショウ、女子プロレスなどの実演、おばけ映画、よくわからない映画会社のよくわからない映画ポスター、幟、チラシを展示した。

いよいよ始まると、思っていた以上に反響があった。

初代館主の祖父・田村寅吉はなんでも捨てちゃう人で、おじいちゃん時代のポスターはほとんど残っていない。当時、次から次へとやってくるポスターはただの消耗品でしかなかった。終われば裏紙として使ったり、映画会社のスチール写真の封筒もポスターの再利用で作られていたりする。まさか、古いポスターに人気がでるなんて、まったく考えられなかった。

当時はネットもメールもないので、今ではほとんどの人が知らない映画会社からもポスターやプレスが送られてきて、それを見て上映するしないを決めたりもしていた。ポスターやタイトルはおもしろそうだけど、いざ上映したら、全然おもしろくなかったりして、痛い目にもさんざんあったらしい。

『よろめき迷探偵』

おもしろそうなタイトルですよね？

これが父史上、最高におもしろくなかった、最低の映画のようです。

「まーひどかった！　おもしゃぐねーんだから。上映すんのもやんなっちゃって。五日くらいやるとこ三日でやめた。あれほどひどい映画はないわ」

そこまでいわれると、逆に観たい。

プレスシートを見ると、この映画は、昭和三三（一九五八）年、倉田文人監督作品で、国映が配給したもの。中国人青年の妻探しにストリップ劇場などが絡む模様。

場末の下番館ゆえに、本宮なら上映するかもと営業マンの間で口コミが広まり、小さい映画会社からもポスターが送られてきて、それでなんだか謎の映画ポスターが集まってしまったのだ。上映のたびに、映画ポスターは買い取りなので、それをとっておいたものも多い。よく状態が良いねといわれるが、茶封筒に入れて当時のまま保管していただけである。

ポスターがない映画は、父がポスターを作っていた。それも今となってはなかなか味わい深い。父は映画が好きだったのと、自分で作ったチラシなどにも愛着があったのだろう。閉館したけれど、いつか復活させようと意気込んでいて、ポスターやスチール写真などを保管していた。その日のために大事にとっておいたら、映写機もポスターも珍しくなってしまったというわけだ。

今でも、ちょこちょこと「これ」とかいって、知らないポスターをだしてくるので、うっ、まだいろいろ持ってるな。なかなか全貌を見せてくれない父なのだった。

泥くさい映画ポスターの魅力

本宮映画劇場の秘蔵ポスターのなかで、もっともインパクトがあり謎でしかない映画『ねこと人間と性』のポスター（口絵参照）。内外フイルム作品だ。

初めてこのポスターを父から見せられたのは、アサクサ・コレクションに出展するためにポスターを探していたときであった。

最初にこのポスターを見たときの衝撃。

「インチキくさくていいばい、これなんか」と泥くさいポスターを出してきて、いろいろ見せてくれた。

見たこともない変な映画ばかりにわたしは興奮した。

『水中裸の浮世絵 蛇魂』のポスターには、

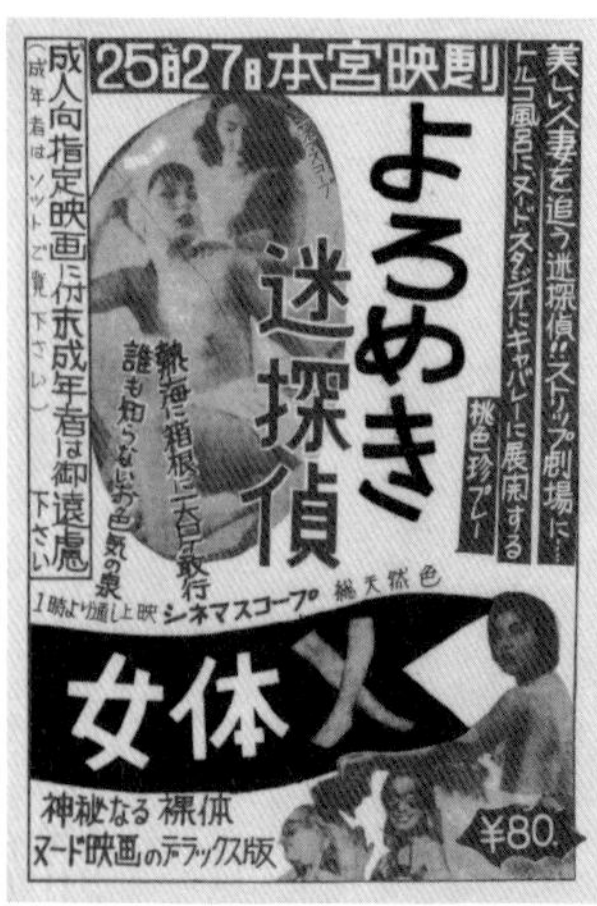

。好き好きヌード ・ 美女がいる
デラックスショー ・ 悩殺女体

題名	製作	巻	型	メートル	監督	主演	内容
私は後悔しない	内外	6	S	1800	南部泰三	吉原恵子	10の新聞10の週刊誌で騒いだ売春禁止とその後を描くお女郎船。
裸の誘惑		2	S	600			ビーナスの裸像に魅せられた不思議なヌードバーレスク篇。
青葉城異変		4	S	1200			仙台萩伊達騒動外記。
桜御殿	マキノプロ	9	S	2700	牧野省三	宮城千賀子	おなじみ狸御殿当り芸、歌と踊りの歌劇調。
馬追人生	独立	8	S	2400	中川順夫	黒川弥太郎 花井蘭子	やくざ仁侠篇。
江戸囃男祭	〃	6	S	1800	〃	〃	江戸評判記侠盗伝異聞。
熊谷陣屋	歌舞伎プロ	9	S	2700	マキノ正博	大幡磨屋 吉衛門劇団	文化財指定の国宝映画。吉衛門最后の18番芸記録舞台。
寺小屋	〃	9	S	2700	〃	〃	定評の名演伎をそのまゝ記録した吉衛門劇団当り芸。

父がひどい映画と断言する『よろめき迷探偵』のチラシとプレスシート
内外フイルムからの手紙と配給作品リスト、ポスター。そのほかの謎の映画も……

題名	製作	巻	型	メートル	監督	主演	内容
百万人の夜 秘められた扉	内外	7	S	2100	西条賢二		①禁じられた接吻 ②暴かれた戦争惨虐篇 ③追いつめられた性犯罪
私はだまされた	創造プロ	3	S	700			家出娘を狙う狼共の生態を克明に記録した映画。
エデンの女神	内外	1	S	300	西条編		アメリカ美人が艶を競うヌードカーニバル。
お産と手術	内外	1	S	300	長田編		異常妊娠と手術による出産の医学記録映画。
26人の兇悪犯	内外	1	S	300	盛野二郎		全国指名手配の兇悪犯を描く初の警民協力映画。
熱帯魚	内外	2	S	600	石矢四郎	（パートカラー）	徳川夢声解説による熱帯魚の生態。求愛接吻抱擁生殖仔育死斗。
陰獣をめぐる七人の女		7	S	2000	稲葉義男	原健作 草島競子	殺人者は誰？7人の女をめぐって陸に海に妖しく展開される大活劇。
春の詩	内外	2	W	600	長山益三	（シネスコ	春多感な乙女達の伊豆行楽の途次大人達の不用意なラブシーンがいかに彼女たちを歪めたか。音楽映画。

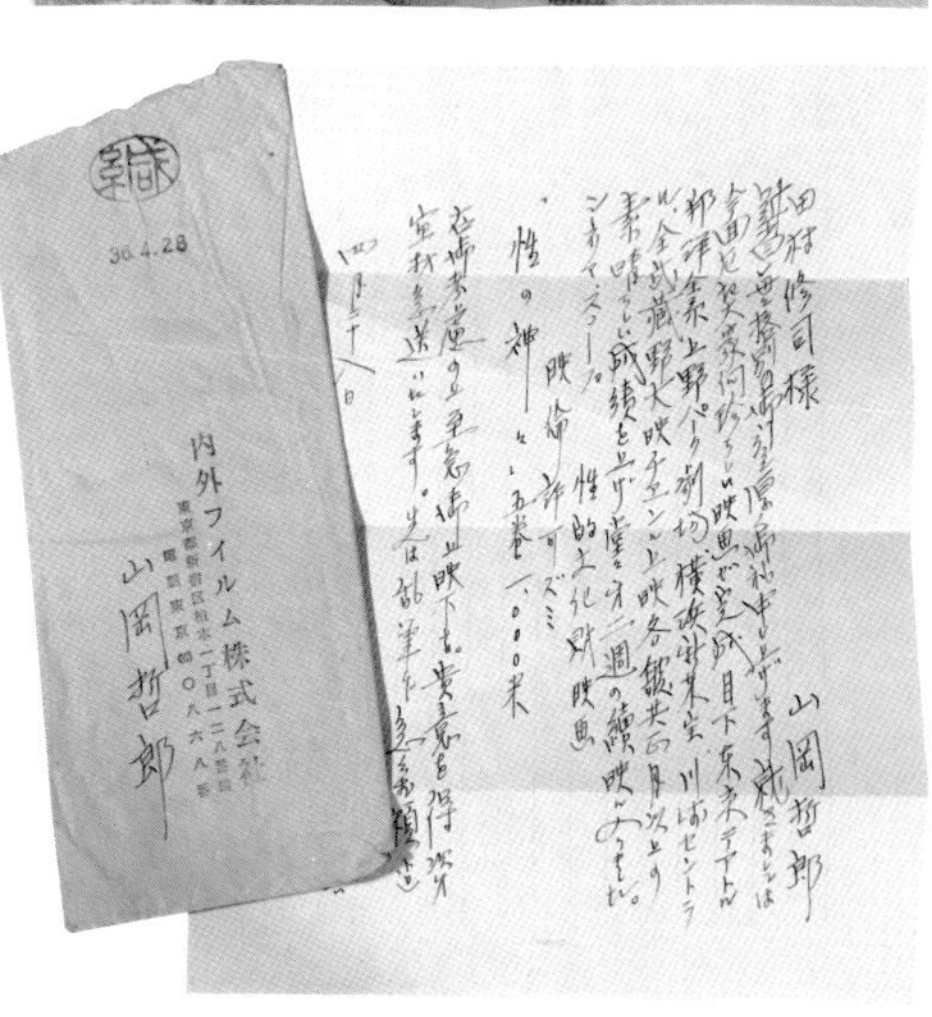
田村修司様　山岡哲郎

性の神　五巻　一、〇〇〇米
映倫許可ズミ　性的文化財映画

四月十八日

内外フィルム株式会社
山岡哲郎

蛇淫にしびれた女が男を襲う……

妖艶怪奇？海深く大蛇と裸女の熱いうめき！

の惹句（宣伝文句）がたまらない。

ところで内外フイルムとは？　と非常に気になる。

「山岡さんって人が一人でやってたんだ。ふつうは営業マンがセールスに来るんだけど、全国の映画館に手紙書いてリストとかプレスやポスター送ってくんの。本人は顔見せないの」

父は内外フイルムからの手紙もしっかりとってある。

「うちでは『野生のラーラ』って映画やったかな。た〜だ女の子が海で泳いだり、山にいたり、まーおもしゃぐねーの。フィルムの質もペラペラで悪くて」

鈴木義昭さんの『ピンク映画水滸伝』によると、『野生のラーラ』はストリップ劇場を経営していた北里俊夫監督作品で、外国人ストリッパーさんが主演した「妖しい裸女の物語」だったという。『霧のラーラ』という続篇まである。

うちにある内外フイルムのほかの映画ポスターのタイトルをあげてみよう。

『暴行拷問私刑秘史 赤い門』

『処女無残』

『私は後悔しない』

『性の神々』

それぞれのポスターの惹句も思わず声にだしたくなるし、ポスターだけ見るとかなり興味をそそられる。

『私は子供がほしい』

というインパクトあるイラストがいい感じの洋画も。

「あーここらへんも内外から来たやつだね」と父。

もうクラクラするほど濃厚なポスターばかり。内外フイルムの配給リストまでとってある。きっともう観ることはできない映画ばかりだろう。だいたいが父のいう「おもしゃぐねー」映画だと思うけど。

内外フイルムという会社は西新宿にあった。今度その場所にお散歩がてら行ってみよう。ネットにもほとんど情報がない。でも情報がないほうがわたしには楽しい。一般的な映画史には全然存在すら記されない映画。まだまだ父の引き出しには裏映画史が潜んでいるにちがいない。

雑誌『成人映画』は家宝

『成人映画』という雑誌をご存じですか？　Ｂ６判で薄い冊子タイプのピンク映画専門誌だ。昭和四〇（一九六五）年から昭和四八（一九七三）年まで毎月刊行されていた。

父は劇場を閉館したものの、不定期にピンク映画を上映して、そのフィルムを県内の田舎の劇場に又貸しして映画館活動を続けていた。

　東京のある映画会社に行ったときに、営業マンから、

「田村くん、成人映画って雑誌知ってるか？　女の編集長なんだ。ピンク映画館で販売してるんだよ」

と、小さな編集部に連れて行かれ、そこで編集長の川島のぶ子さんとお会いしたという。

　川島のぶ子さんは「ピンク映画」という言葉を作ったといわれている内外タイムス記者だった村井実さんのパートナー。

　雑誌『成人映画』が気に入った父は、バックナンバーをそろえ、毎月定期購読を始めた。『成人映画』専用の緑色の合本のためのオリジナルファイルも所有している。

　八年分の雑誌はファイルにまとめると五冊。創刊号から最終号まで全号揃っている。

　このファイルを見つけたときは驚いた。表紙やピンナップ、巻頭の写真ページなど、昭和モダンな雰囲気で素敵すぎる。

　そのころ大学で写真を勉強していたわたしは、実家に帰ると父に内緒でこっそり読んで楽しんでいた。

雑誌『成人映画』全冊揃

当時のピンク映画の女優さんへのインタビューも赤裸々でおもしろいし、映画監督の顔写真もでているし、新作紹介もある。アンパンマンで有名なやなせたかしさんがイラストを描いていたり……。とにかく初期のピンク映画のかなり貴重な基本資料だと思う。古いピンク映画を観た後や、気になる女優さんについて知りたいときに今でも読んでいる。わたしにとっては、ピンク映画のバイブルである。

緑の専用ファイルに綴じられた『成人映画』は、これからもわが家の家宝である。

カーボン式映写機

当劇場の映写機はカーボン式映写機という、一見、蒸気機関車を小さくしたような黒い鉄の塊りである。

わたしは幼いころからこの映写機とそれを操作する父の背中を見てきた。

二本の棒とフィルムをセットし、映写機を操作すると映画が映し出される。わたしはそれが映画だと思っていた。

二本のカーボン棒をセットすることがどうやらとても珍しいと知ったのはずいぶん大人になってからである。

当劇場のカーボン式映写機は直流電源でなければ稼働せず、電力会社から送電されてくる交流電気を整流器で直流に変換しなければならない。当劇場には昔のまま整流室に大きな水銀整流器が据え付けてある。

一五年くらい前までは、「カーボン式映写機の映画館、青森にあるよ」「新潟にあるよ」なんていわれたけれど、今ではまったく聞かなくなり、さらにデジタル化もどんどん進み、いよいよ稼働しているのはうちだけとなってしまったようだ。

カーボンを光源に映写したことがあるという映写技師さんには、一人しかお会いしたことがない。還暦を過ぎたベテラン映写技師さんでも、お客としてはカーボン式映写で映画を観ていただろうけれど、映写技師になった時点ですでにキセノンランプと呼ばれる電球タイプの映写機になっていたそうだ。

映写機にはフィルムの画像をスクリーンに映し出すための光源が必要だ。

カーボン式映写機はカーボンという炭素でできた棒をプラスとマイナス二本並べたところに電流を通し発光させる。二本のカーボン棒はくっつきすぎると消えちゃうし、程よい距離を調整し保つことで発光する。

そうすることで、何ともいえない深みのある映像がスクリーンに映し出される。

カーボン棒は約三〇分しか発光できない。燃焼して短くなるからだ。

九〇分の映画では六本使う。ロウソクのように、少しずつ短くなっていく。そして映画が途切れないよう上映するのには、二台の映写機が必要だ。

だから、昔は映写技師も二名は必要だったのだ。一人でできないこともないけれど、やはり光の調節をし、カーボン棒のセットをしたり、終わったフィルムを外し、次のフィルムをセットし、終わったフィルムは巻き戻してと、とにかく忙しい。でも、父にとっては、それが当たり前のこと。自然と体と手が動く。映写技師は映画が観られていいなぁと思っている人が多いと思うが、昔の上映はそうではなかった。

でも、映画を観たいお客さんにとってはそんな裏側はなんでもいいから、気持よく映画を映してね、ってところでしょう。ちゃんと不具合なく映画が映ることが、お客さんにとっての当たり前なのだから。

ナイトレート・フィルムと呼ばれるフィルムの時代には、『ニュー・シネマパラダイス』でおなじみのシーンのように火事になりやすく、映写室の扉はどこでも鉄の扉だった。映写技師も危険物を扱う仕事だったので映写技師免許が必要だった。祖父の免許証は大切に保管されているが、のちに制度が変わったので、父の映写技師免許はない。

コロナ禍で途絶えがちではあるが、それまでは毎週のように、老人会、バス旅行、歩こう会など、さまざまな団体様が劇場にやってきていた。

「みんな、『ちょっとだけ映して』なんて気軽にいうけど、映すほうは三分も二時間上映すんのも、五人でも一〇〇人のお客でも準備する時間はかわんないの」

といいながら、カーボン棒を持って父は作業をしている。

のぞいてみると、短くなったカーボン棒にキャップのようなものをつけている。

「雇われ技師なら短くなったら捨てるけど、俺は経営者で自分でカーボン買ってたからね。最後まで大事に使うのよ。で、これは、缶詰めの缶切って作るんだ」

キャップの正体は缶詰めの側面部分を切ってクルクル丸めて作った父オリジナルのものだった。

昔からそうしてるの？

「最初はトタンで作ったりね、いろいろ試したのよ。トタンは熱で溶けちゃうんだ。缶詰が一番いい。やっぱりね、経営苦しかったから。みんなが捨てるカーボンを俺はこれからまた使うんだから（笑）。このキャップはコーンの缶がいいんだ。あ、またコーン買って食べなくちゃ」

と笑っている。

「このペンチね、おじいちゃん（初代館主のこと。わたしにとっておじいちゃんなので）のときからこれなの。カーボンつまむのに、これがちょうどいいの。うちに映写機ついたときからだから、長いね。でも、映写機の下にぶらさげてるからね、なくなんない」

作業をつづけながら父が話す。

「映すからにはね、古いから映んないとかいわれたくないからね、フィルムも何回も何回もチェックして、音もたしかめて。ちょこっと映すっていっても大変なんだぞい」

劇場を持つ父のプライドと、職人魂を感じる瞬間だ。

「古くてもちゃんと掃除してたらいいんだ」

といって、日々掃除もかかさない父。

「だけどねー、これだけ準備しても、なんだかお客さん来っと、映写機の調子悪くなったりしてね。これ不思議と昔から。お客ガラガラのときは調子いいんだけど、満員御礼なんかのときにかぎってなんか起きたりねー、なんだべ」

なんて、いろいろ話していると、

「あー、そういえば、映画全盛のころなんか、この短くなったカーボンを買い取る業者いてね。東京から来んのよ。日本全国あっちこっち行ってたんだろうね。カーボンの棒、なんかに使えんだな。映画廃れてきたら、いなくなったけど」

こんなこと知っているのは父くらいだろう。そういえば映画のフィルムは化粧品の原料にされたという話を何かで読んだっけ。

カーボンの在庫を心配されることもある。

「第一カーボンという会社の在庫を買ったの。俺が生きてるうちは大丈夫!」

抜かりはないのだった。

映写室は聖域

どの映写室にもかならず「リワインダー」と呼ばれるフィルム巻き戻し機がある。プリントのチェックをしたり、フィルムの補修をしたり映写技師の作業台だ。

フィルムというものは、一度上映を始めたらビデオテープのように、ちょっと巻き戻して前のシーンを見るということができない。正確にいうと、できなくもないが、非常に面倒くさくてたいていの技師はやりたくないのである。いったん上映し始めたら、巻の最後まで回さなければならない。

ちょっとでも巻き戻すには、うちの映写機の場合は、いったん外して巻き戻し機で巻き戻すのが一番早い方法。

そして、フィルムは巻き戻さなければ最初から見られないので、上映を終えたら巻き戻し、元の状態で缶にしまう。

上映→巻き戻す→元の缶にしまう
一本の映画はたいてい六、七缶（巻）でやってくる。違う缶にしまったら、ストーリーはガチャガチャになり大変なことになってしまう。この一連の流れが技師の仕事なのだ。一人だけだと大変だが、昔は技師が三人も四人もいたので、分担していた。

現在のリワインダーはもちろん電動である。

戦後はもちろん電動なんかじゃなくて、部品だけを買い板にとりつけた。

本宮映画劇場の巻き戻し機、本宮座から本宮映画劇場となり、映写機を設置した際に大工さんに取り付けてもらった約七〇年前のシロモノ。

よくみると、この巻き戻し機の下の棚はフィルム缶がいくつも入るようになっていて、とても機能的。

最初は手動だったけど、一、二年すぎたころ、当時いた技師が電動としても使えるように改造した。

「モーターは映写機のモーター、革ひもはミシンの革ひも、革ひもを支えている丸い部分は、よく見てみっせ、予告篇のフィルムの缶のフタだぞい（笑）」

あまりに自然で今まで気づかなかった、すごい工夫である。

作業場の巻き戻し機も父のお手製だ。木をうまく利用して作られている。そして、父はその巻き戻し機にまたいで腰掛け、ゆっくりとフィルムのチェックをする。

数々の映画館の映写室を見学させてもらったが、うちのような味わいのある巻き戻し機は見たことがないし、巻き戻し機にまたいで腰掛けて使っている人も見たことがない。とくに、都会の映写室はだいたいが狭い。うちではまたいで使うのは昔からなのか聞いてみると、

「ほかで見ないんだ？　うちは広いからかな。またいで使ったほうがじっくり見られてやりやすいんだ」

映写機だけでなく、この巻き戻し機も館主には相棒なのだ。

知り合いのベテラン映写技師さん二人に、本宮のスタイルについて聞いてみると、腰掛けタイプは本宮でしか見たことないそう。

「壁に取り付けられているタイプもあるよ」

板が壁に取り付けられていて、上から下へフィルムを巻き戻す。そういえば、川越スカラ座さんは、このスタイルだったような……。それぞれに狭かったり、状況をふまえて、壁に取り付けたりしていたのだろう。

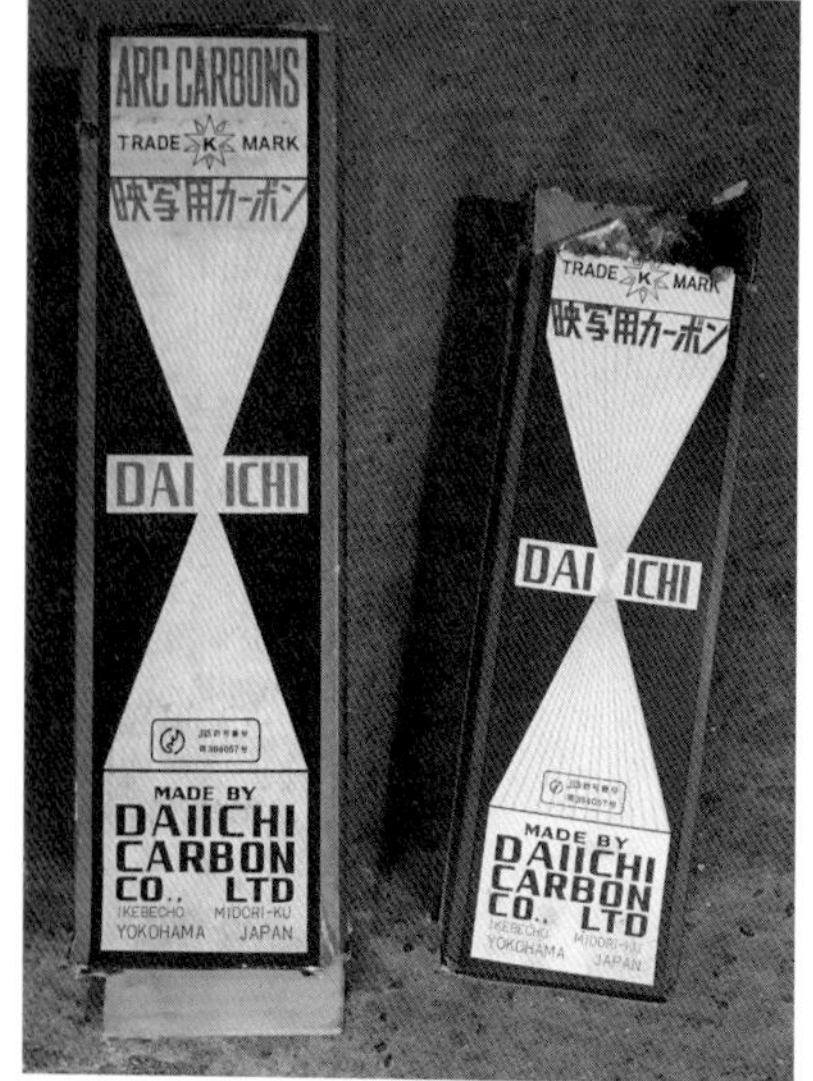

カーボン棒

フィルムをつなぐための接着剤

祖父の残した映写技師免許証とペンチ

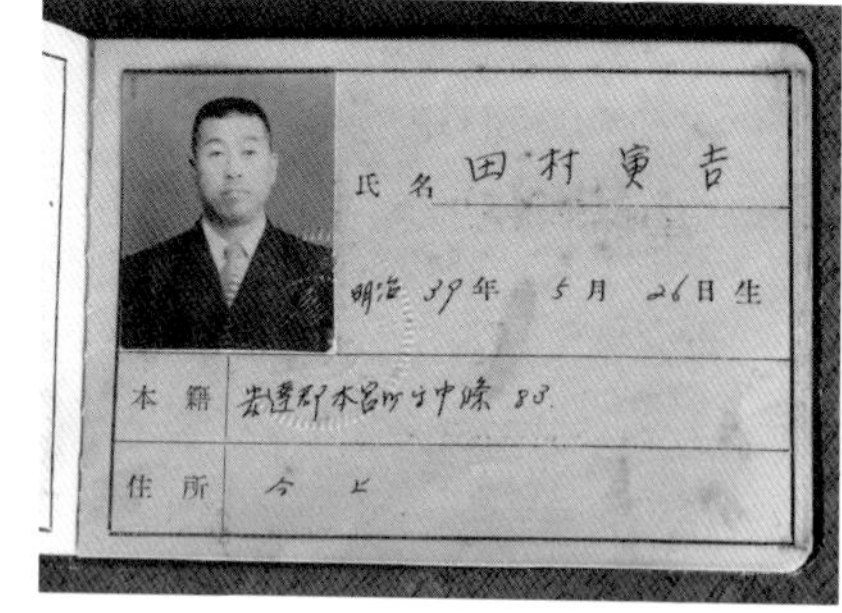

工夫を凝らして使い勝手の良いリワインダー

「何が正しいとかないから、それぞれにやり方が違って面白い」

と技師さんたちは口をそろえる。

ほぼ一〇〇％「関係者以外立入禁止」の映写室。今でこそ、映写室が紹介されたりしているが、ほとんどの人は足を踏み入れることができないし、どんなふうになっているかは知らない。

映写室という空間は、映写技師の工夫とアイディアと機能に満ちた空間で、技師の聖域なのであった。

上映作品のゴム印の話

劇場内はなかなかの広さ。三階建て三〇〇坪ある。数十年間手付かずの場所も多く、父はなんとなくは把握しながらも、思いついたときに探しものをしたりする。

猛暑も落ち着いた夏の日、高知の大心劇場から譲りうけたプロジェクターをのせる台に営業当時使っていた机が頑丈でいいのではと、思いついた父。

場内のポスターを貼ってある壁の後ろは通路状の細長い物置になっていて、アイスキャンデー屋時代の冷凍庫や机があることはわたしも知っていた。

物置の奥をようく見てみると、父が使っていた社長机と、大工さんが作ったらしき昭和っぽい木机の二つがあった。

この昭和風な木机の存在は知らなかったのでワクワクした。

何十年とほったらかしの机は埃まみれで、真っ黒け。

まずは引き出しを全部ぬいてみた。ついつい引き出しの中身の物色に夢中になっていると、「ほら、そういうのはあと、あと」父の声。二人で机に水をかけながら、ゴシゴシゴシゴシ。何度流しても泥水のようなものが……。ようやくある程度の汚れが落ち、木の感触がいい風合いになり一安心。あとは乾くのをゆっくり待つだけなので、ふたたび物色を始める。

五〇年以上昔でときが止まった引き出しのなかから出てきた物は……。

新東宝『魔拳十年殺し』『危険な誘惑』『東支那海の女傑』『荒原の掠奪者』などのプレスシート、帳面、判子、ゴム印、文具、機材みたいな物、伊丹秀子などの浪曲や歌謡ショウの他館の招待券、クリップ、画鋲、釘、カレンダーなどなど。

当時の支配人・山口さんが使っていた机の引き出しから出てきたそれら、画鋲やクリップ一つ一つが大変珍しいし、何十年過ぎた物ってこうなるんだ――なんて感動したりして。手が真っ黒になるけれど、そんなこと気にならず夢中でガサゴソ。それはそれは古いシャチハタスタンプもある。

父に見せたら、

「あらー、懐かしいわー。それお父さん（初代館主）が劇場オープンしたときから使ってたやつ」

いろいろ調べてみると一九四〇年代のシャチハタスタンプと判明。父の証言と一致していた。シャチハタさんも長い歴史あるんだなー。

おそるおそるその蓋をあけてみたりして、無臭でした。多少朽ちてはいたけれど、想像していたよりは悪くなかった。

そして、判子、ゴム印の数々。

「〒」「招待券」「優待券」「前売券」「この広告持参者75円に割引」「8時30分より割引」「3日9時半より」「8日は夜1回」「11日〜13日 5本立」「入場券 ￥299」「18日夜8時 ￥200」「8日夜8時 ￥300 映劇」「ビラ券〇〇まで有効 本宮映画劇場」……。

ビラ券って聞いたことあるけど、なんだっけ？

「ポスター貼ってくれる店の人にあげる招待券みたいなものよ。ポスターの下の端につけとくの」

「危険な関係と3本立」「ヨーロッパの夜」「銀座のお兄ちゃん挑戦す に変更」「女は下着で勝負する」……。

「女は下着で勝負する」？ えっ、『女は下着で作られる』のチラシならあったけれど？

さっそく父に確かめてみる。

「ああ、三本立て用に上映した短篇だ」

二階堂卓也さんの『ピンク映画史』によると、『女は下着で勝負する』は昭和三八（一九六三）年の作品。これとはまったく別に記録映画監督の亀井文夫が主宰した日本ドキュメント・フィルムの作品『女は下着で作られる』があるのだった。なんと下着デザイナーとして新風を巻き起こした鴨居羊子演出の短篇ショウ映画でした。観たい！

さて、ゴム印は作品ごとに作っていた。

「昔はコピー機なんてないから。ハンコ作ったり、手で描いたり手作りなの。チラシでもなんでも俺らにとってはそれが当たり前。あんたらはこういうこと不思議がるけど、俺には当たり前なの」

たしかに、幼いころはハンコ屋さんが町に何軒かあり、いつもお客さんがいなくてどうやって儲けているのだろう？　と子どもながら思ったものだ。

「ハンコのほうが印刷代より安いし」

もはや、その感覚すらわからないが、ハンコが使い捨てに近かったことがたしかに感じられる。

ゴム印の形もさまざまで面白い。きっと、ある程度の予算と指定で、ハンコ屋さんが勝手に作ったバランスなんだろうなあ。

支配人の机の引き出しから出てきたゴム印を使ってみる

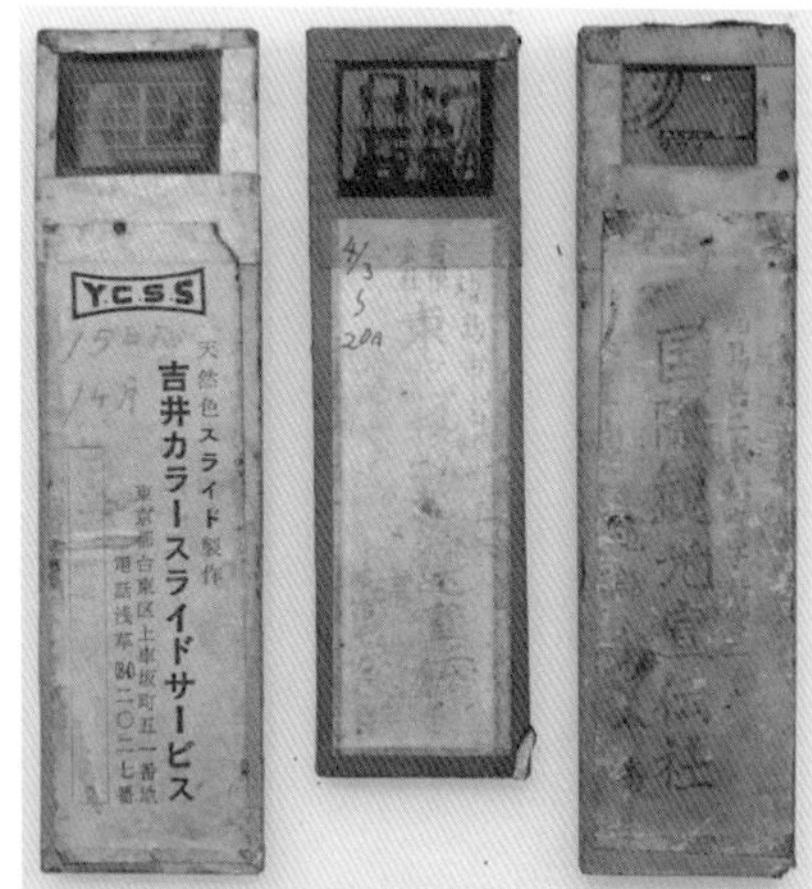

劇場に残る地元の商店などの広告
スライドもあった

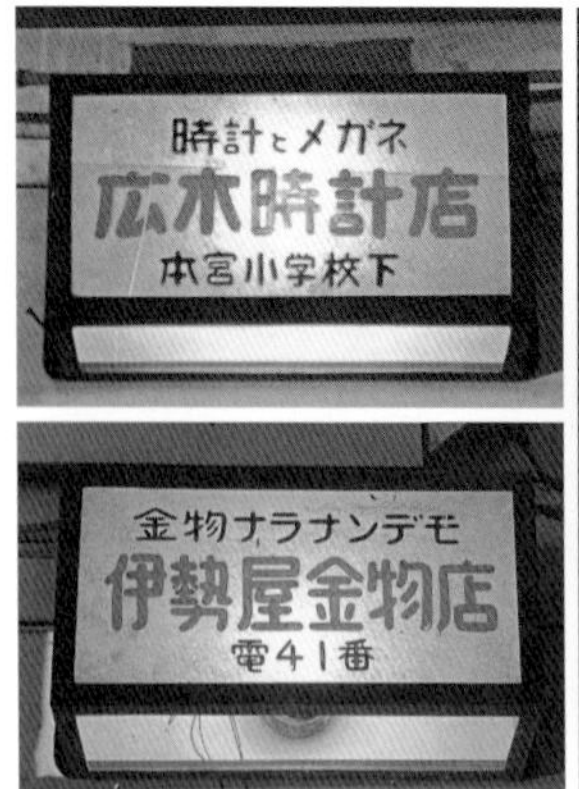

チラシにはタムラの焼そば、天婦羅などの宣伝をのせた
右上は貴重なチラシの原稿。何らかの事情で発注されなかった

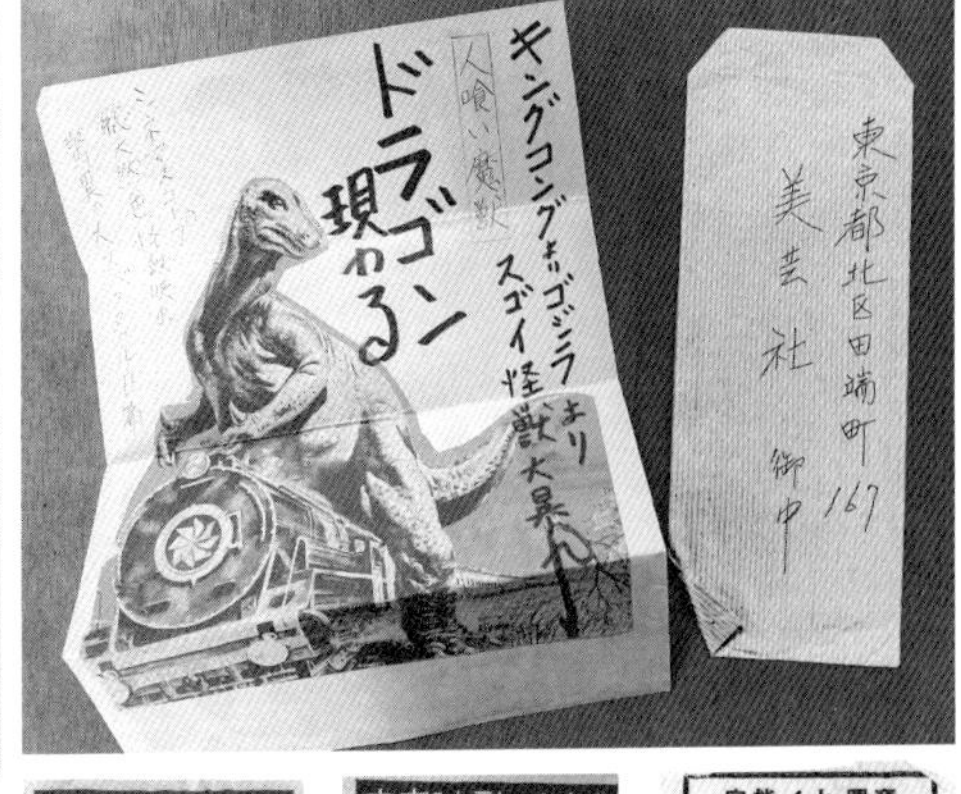

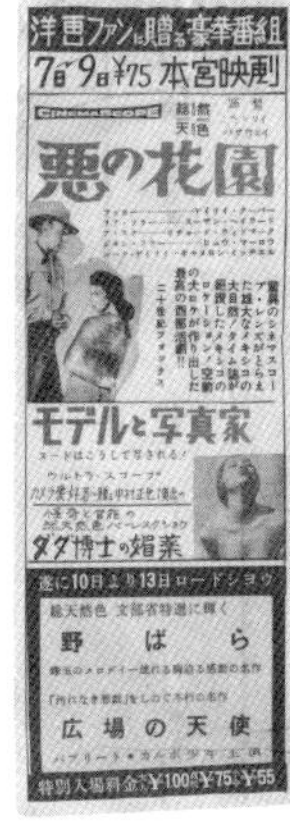

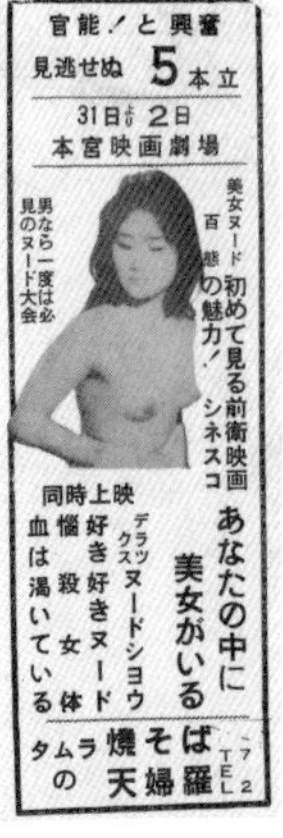

当時使っていたゴム印の数々

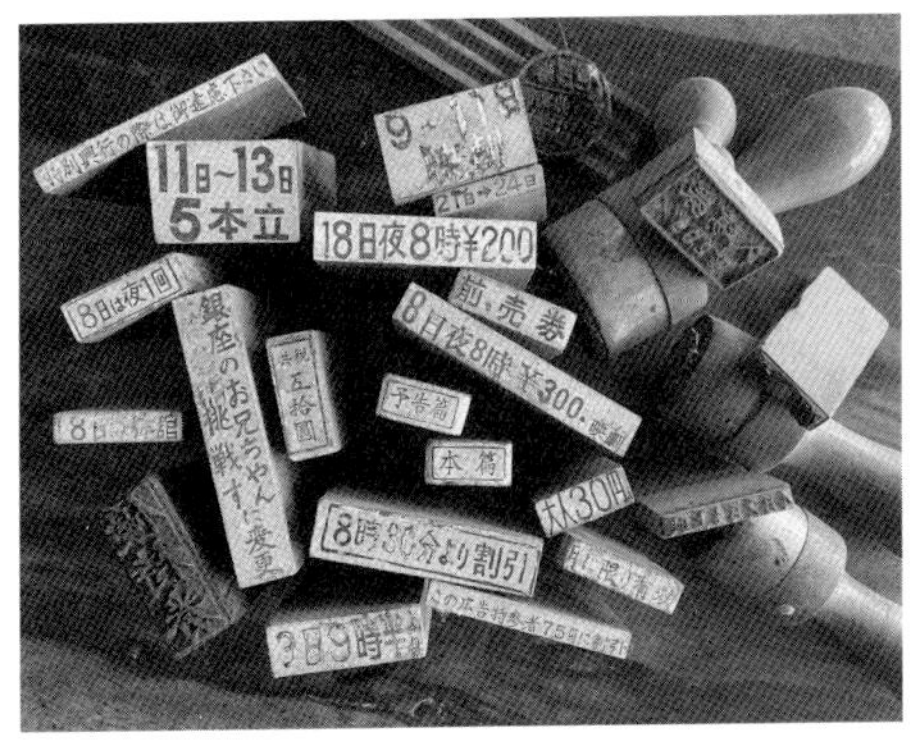

チラシもそうだけれど、今みたいに具体的なデザイン指定ではなく町の印刷屋さんやハンコ屋さんにある程度お任せだったようだ。ゆるやかな時代であり、そして、それぞれがグッドデザイン、洒落てる感なんて考えるヒマもなく映画館の日々は過ぎていた。

「とにかく休みなんてなかったんだから。モーニングショウやって、レイトショウまでやって。次から次へと新しい写真（フィルム）が届いて。年中無休、映画館はみんなが休む日がゴールデンアワーなんだから」

上映しながら、ゴム印押したり、チラシやら手作りして、看板描いて……なんて想像すると、もはや、わたしの憧れの世界だ。パソコンも携帯電話もコピー機もない時代に生きてみたい。

チラシは東京の印刷屋さんに発注していたが、急いでいるときは地元で印刷した。出来上がったものは新聞に折り込んだ。

そして、またも謎の物体発見！　映画の合間にスクリーンでかけていたスライドのガラス版だ。このスライドは短期間のみ使われていたらしく、商店の広告や警察の標語などが写っている。専用のスライド映写機も存在したらしいが、うちではいつもの映写機のレンズのまえにさっと手でかざして映していたという。もっと沢山あったそうだが、父にしては珍しく、古物商に売ってしまった。残念！

かけもちさん

フィルムを扱う映写技師だけで稼いでいる人は、現在日本全国、何十人いるだろうか？

ベテラン映写技師、遠藤光史（みつし）さん。映写技師歴三十数年。いまも都内名画座で映写技師をしている。

遠藤さんは北海道から大学進学のため上京。大学時代は映画館と飲み屋に通う生活にどっぷり。最初は別の仕事についたが、求人誌で映画館の募集を見つけた。大好きな映画館にいてお金が稼げる……あ〜幸せ！とモギリと呼ばれるチケット切り係、事務所勤務などを経て映写技師になった。伝説の銀座並木座にも十数年、映写技師として閉館まで働いた。

今も、映画館と飲み屋通い生活に変わりはない。フィルムに触れている映写技師という仕事を「幸せ」という。自分の仕事をはっきりと「幸せ」と声に出す人は、わたしの周りでは遠藤さんくらいかも。

遠藤さんから、昔の映画館話を聞くのが好きだ。父から聞く話は、田舎の場末の映画館のこと。遠藤さんからは、都内の映画館の話が聞ける。

田舎と東京の映画館の違いは、わたしにはとても興味深く、だから田舎ではこうだったのかと判明したりするのだ。

ある日、遠藤さんの口から「かけもちさん」という言葉がでてきた。

かけもちさんとは同じ映画を一本のフィルムで上映している映画館の間を行ったり来たりフィルムを運ぶ仕事の人たち。

本宮にもかけもちさんはいたけれど、都内のかけもちさんとはどうやらちょっと違うようだ。

遠藤さんが映写技師になったころは、かけもちさんの時代は終末期を迎えていた。それでも、かけもちさん全盛期の話をギリギリ聞くことができたという。

当時は、宅配便などない。さて、どうやってフィルムを運んだか……、そこで、かけもちさんの登場である。まずはフィルムのある倉庫から映画館へ。

A館が午前一〇時上映スタートにし、B館は一〇時三〇分と時刻をずらして上映スタートする。B館は、最初の三巻がないから、途中から始めることもある。途中から始めるのは昔はよくあったので、体験している方も多いだろう。

一本の映画はだいたいフィルムは六巻、およそ二〇キロ。三巻ずつかけもちさんが運ぶのだ。A館の一～三巻をB館に運ぶ。B館にある四～六巻をA館へ運ぶ。

A映画館↓B映画館↓A映画館↓B映画館

三映画館かけもちのこともあったようだ。

A映画館↓B映画館↓C映画館↓A映画館↓B映画館↓C映画館

かけもちさんは行ったり来たり、行ったり来たり……。

戦後すぐのころは自転車、のちにモーター付き自転車でフィルムを運んだ。

かけもちさんは、フィルムの状態や内容はまったくわからなくて、とにかくただただ運ぶのみ。

A館でフィルムが切れて、応急処置したフィルムだとしても、そんなことを映画館はかけもちさんに説明しない。B館ではそれを点検する間もなくすぐ上映する……。

そんなわけで、フィルムがどんどん傷んでいく。フィルムは消耗品だったのだ。

そして、二番館、三番館と、場末や地方にフィルムは旅する。封切から半年後に本宮にやってきたフィルムはぼろっぼろで、肝心のラブシーンが欠落してしまうのも仕方なかったのだ。ぼろっぼろフィルムが当たり前だから、映写技師の腕は東京よりいい、なんて父はよく話してたっけ。

かけもちさんには呑兵衛が多いらしく、仕事が終われば、映画館の事務所で支配人などと一杯やるのがお決まりだったそう。

かけもちさんが酔っ払ってフィルムを橋の上から川に落っことして、チャンチャン！というエピソードも本当にあったとか。

現代ではとうてい考えられないけれど、なんだか憎めない。

神代辰巳監督の『恋人たちは濡れた』で大江徹扮する克が、かけもちさんのバイトをするが自転車でこけてフィルム缶からフィルムが落ちてコロコロコロ〜〜ってシーンを思い出す……。

たこ八郎さんに、かけもちさん歴があったという話もいいですよね。

「かけもちさんが『あ〜〜っい』って写真を肩にのせて運んでくんのよ。フィルムを肩にのせるなんて重いし、何かあったらこわいから俺はやらないよ」

ホロ酔い気分で話してくれる遠藤さん。

今のかけもちさんこと宅配便のお兄さんはおおむね台車でフィルムを運んでいる。「フィルム」を「写真」とよぶ遠藤さんもすでに絶滅危惧種、昭和の映写技師だと思えるのだった。

さて、本宮のかけもちさんについて。

本宮町には、うちと中央館があったけれど、同じ映画を上映はしない。ということは、かけもちさんはふだんは必要なく、田舎では職業としては成り立たないのであった。

当劇場では大玉村の農家の庭にある作業場などで移動映画もやっていた。劇場の技師二、三人が夕方から映写機、スクリーンをクルマで運びセッティング。農家でご飯をいただき、暗くなるのを待つ。あたりまえだが、野外上映は夜しかできない。

なぜ、農家での上映が始まったかははっきりとは憶えていないけれど、たぶん、農家の人が希望してきたんじゃないかと父はいう。

移動映画のために、わざわざフィルムを借りたりはしない。借りたままあそんでいるフィルムなどを上映することもあった。しかし、劇場で上映中の映画を農家でも上映する場合、劇場で夜七時スタート、農家では七時半スタートにする。さあ、ここでかけもちさん登場。

劇場↓農家↓劇場↓農家↓劇場↓農家

作品によっては三往復くらいかな。

というわけで、たまにしか必要ではないので、本宮では自転車やバイクを持っている近所の人などに単発アルバイトでやってもらうのであった。

「今でいうと二〇〇〇円くらいか？　ちょっとした小遣いには、なっぱい」

農作業を終えて、町まで出てゆくのはちょっと面倒な農家の人々の娯楽だったのだ。

父とは日帰り温泉に行く途中、よく大玉村を通過するので、その場所を確認しにクルマを走らせてみた。なんと、そこのお家と映画を上映していた小屋らしきものがまだあった。父も「おー、ここ、ここ」とびっくり。

お住まいの方は映画を上映していたことをご存じないかもしれない……。

映画全盛期、東京では、二本、三本を一日通し上映していたし、かけもちさんは朝から晩まで行ったり来たりの往復だったことだろう。

喉が乾いて、お酒飲んじゃったりもしたんだろうなぁ。

有楽町、浅草、新宿、渋谷……それぞれの地域でかけもちさんが街のなかを自転車の荷台にフィルムをつんで走っている姿、見たかったなー。

俳優の鈴木一功さんもフィルム運びのアルバイトをやっていたそうで、中身は西ドイツの教育映画だが、『女体の神秘』というタイトルのフィルムを下北沢の映画館から武蔵小山の映画館まで自転車で運ぶ途中に転んでグチャグチャにしたことがあると書いていた（東京新聞二〇一八年一二月二〇日）。

のちに運送屋さんが盛んになると、かけもちさんより運送屋さんのほうが安く運んでくれたらしく、かけもちさんは衰退する。遠藤さんが並木座に勤めていたころのかけもちさんは、すでに映画館から映画館ではなく、倉庫と映画館の間を行き来するだけだった。

運送屋さんに頼むより、倉庫の人とかけもちさんは顔見知りだし、安心して運んでもらえていたという。

「最近、かけもち代を値切られるから苦しいよ」

なんてグチも聞かされたとか。かつては運送業者より、はるかに高い賃金をもらえていたようだ。

本宮映画劇場にはフィルムは汽車で運ばれていた。届いたフィルムを駅に取りに行き、上映が終わるとまた駅へ届ける。

劇場の映写室にはその時代の荷札がまだぶらさがっていて「隅田川駅」と書いてあるのであった。

映写機の神様

長男だった父が祖父から映写機の操作を教えてもらったのは、昭和二二（一九四七）年、本宮座が本宮映画劇場となって映写機が設置された小学校五年生のことだ。まだ背が低くて映写機に手が届かず、台に乗ってやっていた。

映写技師は今でこそ、ちょっとカッコ良い職業となっているが、昔はランクの低い職業であったと父はよくいう。頭の良い人、仕事ができる人は安月給に嫌気がさし、長続きしなかった。

父からいろいろ話を聞いていると「荒木くん」という名前がよく出てくる。

「荒木くんは、ほんとに映写機触っただけでいろいろわかって〜。彼は映写機の神様だったんだ」

何度もこのセリフを父から聞いている。

「映写機の神様」かぁ。

荒木さんは、福島県小野町の第一劇場の雇われ映写技師。

第一劇場のオーナーは映画にはあまり興味がなかった。昔は映画が好きというよりは、お金儲けで映画館を経営する人が多かった。第一劇場は移動映画の興行もやっていて、移動映画用にクルマを売ったのが父である。

劇場閉館後、自動車のセールスマンをしながら、配給をやり、機材を買い集める父のようすを見て、荒木さんなりに何かを感じてくれたのだろうか。荒木さんは処分するポスターや機材などを譲ってくれた。そんなときは父も荒木さんへのお礼を忘れなかった。

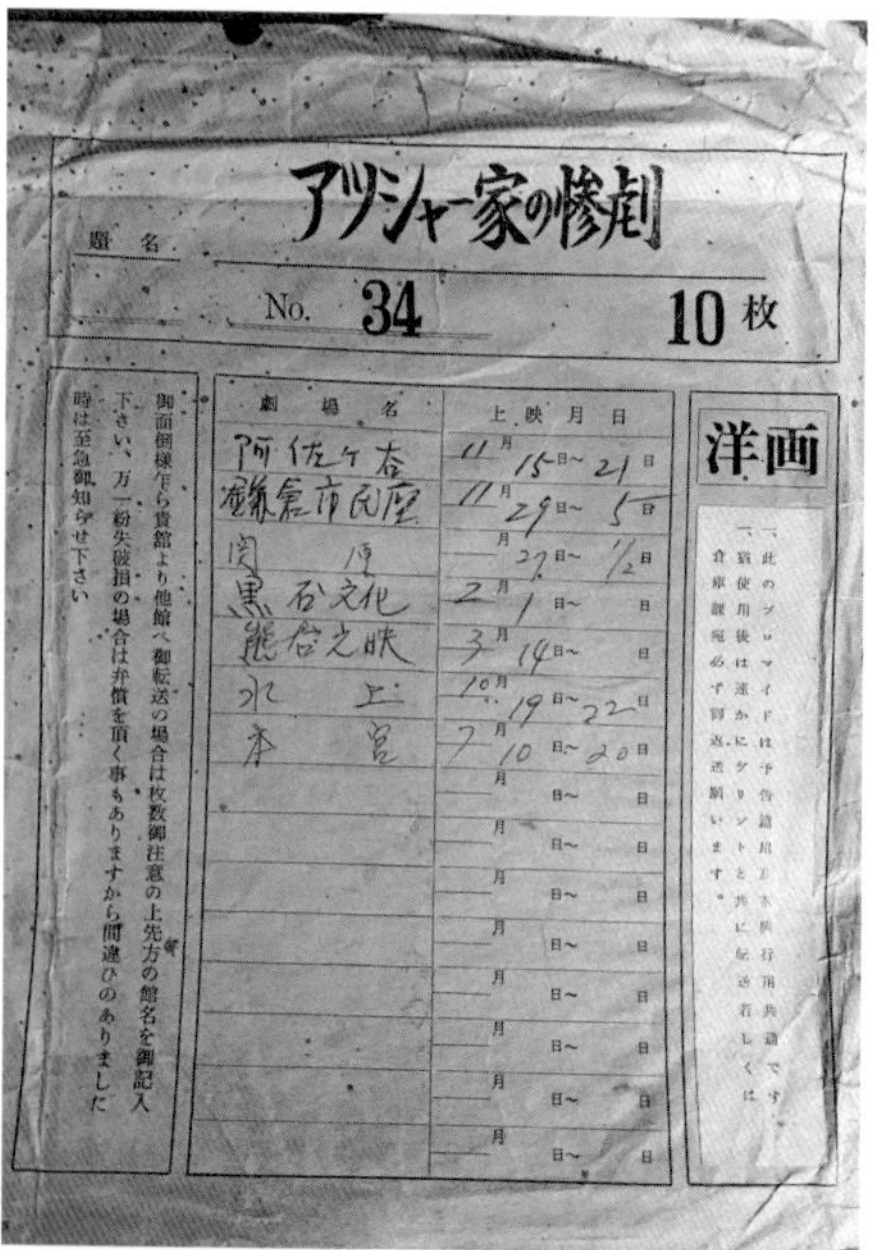

題名 アツシャー家の惨劇

No. 34　　10枚

御面倒様乍ら貴館より他館へ御転送の場合は枚数御注意の上先方の館名を御記入下さい、万一紛失破損の場合は弁償を頂く事もありますから間違ひのありました時は至急御知らせ下さい

劇場名	上映月日
阿佐ケ谷	11月15日〜21日
鎌倉市民座	11月29日〜5日
同　原	27日〜1/2日
黒石文化	2月1日〜 日
熊谷文映	3月14日〜 日
水　上	10月19日〜22日
本　宮	7月10日〜20日
	月　日〜　日
	月　日〜　日
	月　日〜　日
	月　日〜　日
	月　日〜　日
	月　日〜　日
	月　日〜　日

洋画

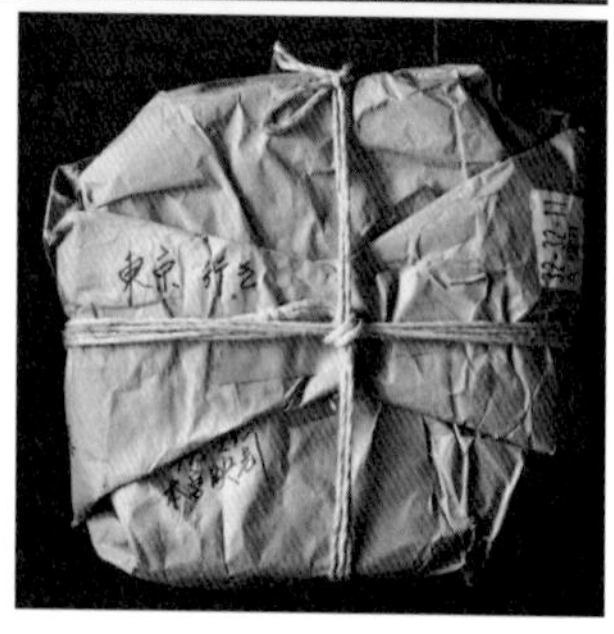

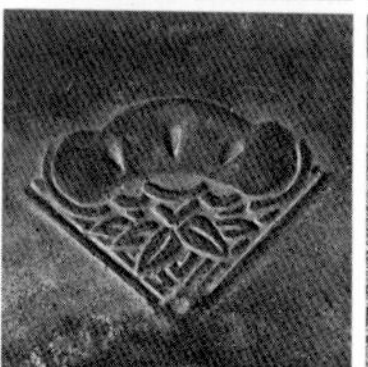

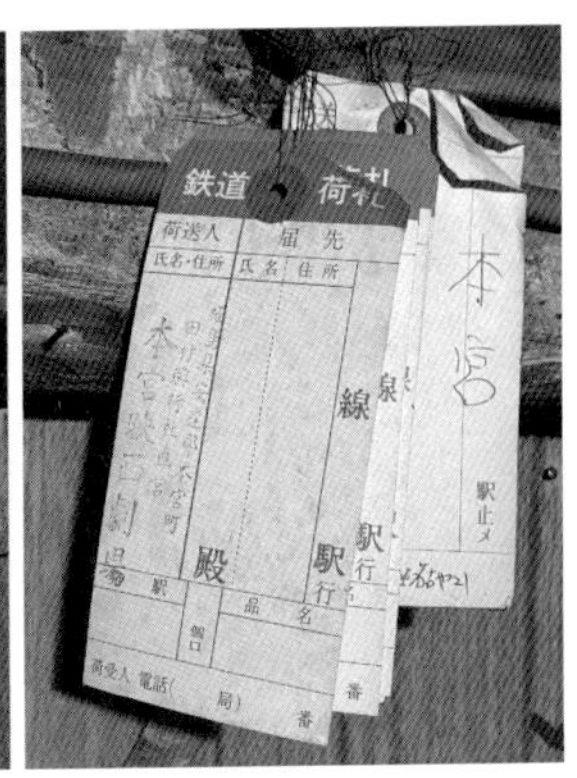

フィルム缶の数々と荷札
スチール写真も全国を旅した

劇場に残る
思い出のスーパーカブ

荒木さんは、夏になると田舎町でおばけ映画を毎年上映していた。映画が廃れてきてもオバケをやれば何とかなった。

「田村さん、まいっちまー。オバケのおじさんって子どもから呼ばれてんだ〜」

なんとも昭和っぽい微笑ましいエピソード。

そのおばけポスターが第一劇場から譲り受けて本宮にあるが、今でもじゅうぶん興味をひくポスターだし、これなら集客できそうである。

本宮映画劇場を閉館してから、数年後……。

第一劇場で新しい映写機を買い入れることとなった。使わなくなった映写機はまだまだ調子がいいから「田村さんとこにどうだい？」と荒木さんから話があった。

組み立てたりできないからと、父が迷っていると、荒木さんが組み立てるというので、買い取ることにした。

映画館のスタンダードな作りでは映写室は二階にある。

本宮映画劇場の映写室も二階にあったが、この先、劇場を再開するときに映写室が二階にあると一人では大変だと判断して、一階に映写室を作った。苦肉の策である。場内客席の後方、ストーブが置かれていたあたりの場所をつぶした。

そして、映写機を買い取り、荒木さんに組み立ててもらって、一階に作った新たな映写室に設置した。壁には昭和四十七年三月十八日と日付が記されている。現在、本宮映画劇場にある映写機二台のうちの二号機（映写室の入り口から手前の方）は荒木さんから譲ってもらったものなのだ。この映写機が本宮にやってきてから約五〇年。父はずっと油をさし、ピカピカに磨いて大事にしてきた。

荒木さんは郡山市に自宅があり奥さんもいたが、第一劇場のある小野町までは、電車で一時間はかかるので劇場に住み込んでいた。そして数年後、荒木さんは第一劇場の住み込み部屋のこたつで亡くなった。映写技師として映画人生を全うした。

「荒木くんが生きてたらな……」

今でも父の口からこの言葉がでる。わたしも会ってみたかった。

本宮映画劇場の映写室を一階に移動したことは結果的に良かった。父の映写するところも見られて、見学に来るお客さんにとても喜ばれるのだ。

上映会のときは、映画そっちのけで、ずっと映写室前にかぶりつく人もいる。わたしもその一人。

うちの劇場に神棚はないけれど、映写機の神様・荒木さんが本宮映画劇場の映写室を見守ってくれていると、わたしは密かに思っている。

廃墟の映画館

父は物を大切にする性格で、映画関係の物には何一つ無駄がないと思っている。

映画館を閉館してからも、いつか復活させようと、映写機に何十年と油をさし、メンテナンスしながら、機材や宣材をその日のために集めていた。

知り合いの映画館が閉館したり、事情があって処分する物がでると、買い取ったりしてきた。それは長らくつづき、わたしも引き取りについて行ったことがある。

三〇年以上前になるだろうか。

福島県浜通りの映画館が閉館したので、映写機を譲ってもらうことになったのだ。

映写機は解体できるけど、鉄の塊りなので、大人の男性数名いないと運ぶのは大変なのである。父は勤務先の部下にアルバイトで運ぶのを頼んだ。

当日、現地でみなが合流。その映画館は海が近くて、磯の香りがした。

父たちが作業している間、わたしは廃墟となった映画館のなかを探検していた。

薄暗く電気もつかない建物のなかに窓から光が差し込む。この映画館は役目を終えたんだ……、とせつない気持になったことを思い出す。

当時、携帯もデジカメもなく、なんの記録もないあの日のこと、わたしにはうすらぼんやりの記憶しかない。でもときどき夢のようなあの日のことを思い出す。

その映画館は、のちに三・一一の震災と原発事故で全町民避難となった浪江町の結婚式場のなかにあった。

父はうちにある映写機がカーボン式で古いから、キセノンランプの映写機にいつか交換しようと思っていたのだ。

ときは過ぎ、いつのまにか、フィルム上映がすたれ、デジタル化へ。

気づけば、ただ古くさかったカーボン式映写機が珍しいものとなり、ここ一〇年で稼働するカーボン式映写機は全国でおそらくいよいようちだけとなってしまったのである。

ただただ映画館を復活させるため、古い映写機ではあるけれど維持していたら、貴重になってしまったという……これは父にとって意外なことであった。父は自分でいっているが、完全に映画界の浦島太郎なのだ。

浪江町の映画館から譲り受けたキセノンランプの映写機は今もひっそり当劇場で出番を待っている。

108
本宮映画劇場

映写室

第二部 バック・トゥ・ザ・シアター

本宮座の始まり

本宮映画劇場は大正三（一九一四）年に築造された。第一次世界大戦がはじまった年だ。町の有志三四人が集まって、お金を出し合って株式会社本宮座を組織して作った劇場である。町民からは「定舞台（じょうぶでい）」と呼ばれていた。定舞台という言葉からは、河原や境内などで小屋掛けの興行が当たり前だった時代を想像してしまう。

当時、町の公民館的な役割を目的に建てられたので、集会場や演説会に使われた。それ以外にも、旅芝居、歌舞伎、浪花節などさまざまなことに使われていた。そのため、回り舞台となっていて、奈落を覗くと結構深かった。

ちなみに明治二〇（一八八七）年に本宮村中條に森川座開業という資料（『本宮町史』）がある。中條という住所は当劇場と同じなのだが、何か関係があったのかどうか詳しいことはわからない。父のきいた話では、明治時代までお寺だったが火事で焼け、その跡地に劇場が建てられたという。

当劇場にいらした建築史家の藤森照信さんによると、構造は木造でトラス小屋組、仕上げは木刷り漆喰塗りのため、一見すると石造りに見える。正面ファサード二階の大アーチの開口からしてネオ・バロック風の表現。トラス小屋組とは「ヨーロッパ起源の木造の小屋組をさし、洋小屋ともいう。斜材を入れて変化に抵抗し、伝統の和小屋組より強く、力学的には合理的で工場や大空間に使われ」たそうだ（『藤森照信のクラシック映画館』）。三・一一にもびくともしなかった秘密はこの辺りにあるのかもしれない。

また、東北工業大学名誉教授の草野和夫さんの調査によれば、地元の歴史民俗資料館に小松家旧蔵の「大正三年五月　本宮座建築仕様書　福島建築工務所」が収蔵されており、郡山の大正座の図面もあることから、これをモデルに設計したのではないかと考察している。

昭和初期には映画の上映も始まる。

客席は三階席まであり、二、三階は桟敷席。観客で場内満杯になっている写真が残されている。

祖父・田村寅吉が経営するようになったのは、昭和一八（一九四三）年、父・田村修司が小学校一年生、劇場が二九年目のことである。

それまで祖父母は、アイスキャンデー屋と肉屋を経営していた。

田村のアイスキャンデーは、町一番の人気店だった。人気の理由はガチガチに凍らせずに食感が軟らかだったこと。これには祖母だけが知る秘密のレシピがあり、店員さんが独立するときにも教えなかった。白い粉を混ぜていたので、うどん粉を入れていたのではないかというのが父の見立てである。重曹だったのかも……。

店の目の前にある本宮座を手に入れることを狙っていた祖父は、犬のブリーダーもやっていて、ある年、良いシェパードが産まれ、警察に高く売れて大金を手に入れた。警察犬用だったのだ。

祖父から直接聞いたわけではないが、そのお金で劇場の株を買えたのではないか、と父は推測する。

本宮映画劇場の、その後の苦難の歴史を辿ると、昭和一〇年代に本宮座の株主で、社長の小松茂藤治が、劇場を運営する権利を二人の人間に与えたことに行きつく。

その二人とは菅野さん、小川さん。本宮座という一つのハコを使って、一週間に三日、四日ずつ興行を行なう。ときどき日曜に共同（売上を折半）という、今ではあまり考えられないスタイル。

小松さんは議員をつとめるなど町の有力者だった。持ち株は二〇％にすぎなかったが、その他三〇％分の小口の株主が小松さんを支持し社長に選ばれていた。

祖父・田村寅吉は、小川さんの持ち株と周りの株を買い集め四〇％を取得、小川さんから上映の権利を譲り受けた。

祖父と菅野さんの二人が本宮座で引き続き一週間を三日、四日交代で運営していく。それが昭和一八（一九四三）年のこと。一つの劇場に二人の経営者がいる状況が以降も四年間続く。

本宮空襲と戦時中の映画館

ちなみに、祖父が劇場経営にかかわり始めた昭和一八（一九四三）年は戦争の真っ最中。

いったい映画館はどんなだったのだろうか。

『映画公社旧蔵戦時統制下映画資料集』の劇場演芸場調査表のなかに当劇場の貴重な記録が復刻されている。ちょうど祖父が劇場にかかわるころの記録である。

昭和一八年八月三十一日現在とあり、興行種別は「映画及演劇演芸　臨時興行ス」、興行場経営者に「小松茂藤治」、興行経営者に「菅野久弘」とある。定員は土間定員六五六、階上五九四、計一二五〇人。前年度の入場者数四八五六九人……。

これらの情報しかないが、父はまだ子どもだったので記憶がない。

ここで、映画界全般に目を転じてみる。本で調べたことなので、ちょっと固い話になるかもしれないがご容赦のほどを。

田中純一郎著『日本映画発達史』などを読んでみると、昭和一七（一九四二）年、映画会社・配給会社が行なっていた配給業務が、社団法人映画配給社に一元化のうえ紅白の二系統に大別される。上映番組も劇映画、文化映画、ニュース映画の三本立てに定められた。

昭和一八（一九四三）年には紅白二系統での上映が交互になり配給番組が半減している。これでは映画館に上映作品の選択の余地はないということだ。だが、それは都会の封切館の話で田舎の映画館はまた別だったともいう説（『かごしま映画館１００年史』）もある。文部省が大学・専門学校の映画研究会に解散を命じ、学生・生徒の映画鑑賞を制限したのもこの年のこと。

昭和一九（一九四四）年には都市部の大劇場の閉鎖が相次ぎ、全国で七三一館の映画館が配給停止となり、全映画館の約四〇％が営業を中止。一回の興行での上映時間が一時間四〇分までとされている。

ぎゃくに、戦意高揚・増産の国策に沿ったニュース映画や文化映画を上映するために農山村などでは移動映写が盛んにおこなわれていた。ニュース以外にも漫画映画や劇映画も併せて上映されていたようだ。

また、物資の欠乏によるフィルムの不足、映写機の製造中止など映画上映をめぐる環境は厳しい状態に陥っていた。当劇場に映写機はまだ常設されておらず、隣の郡山市から移動映写をお願いしていた。

本宮座で上映していた作品はどんなものだったのだろう？　当時の記録は残念ながら残っていない。ただ、前出の劇場演芸場調査表の備考欄には「月一、二回　軍部映画、産報演劇等」とあるので戦意高揚のニュース映画や増産を奨励する芝居をやっていたのだと考えられる。

父はどんな映画を上映していたかまでは憶えていないし、祖母が営むアイスキャンデー屋のほうが記憶に残っているという。

映画のない日は大衆演劇などの興行を行なっていた。今もテレビや舞台で人気の梅沢富美男さんのお父さんの梅沢清劇団も戦時中に本宮座で上演していた。清さんに赤紙（召集令状）が届いたのは本宮にいるときで、みんなで駅まで見送りに行ったことは憶えているという。

本宮映画劇場初代館主・田村寅吉は、もともとは地元で商売をしていた

初期は芝居も多く、木の台は役者が着替える際に使用した

戦後、祖父が相撲興行をした際の桶と柄杓も残る

創立總會報告及決議書
株式會社本宮座

本宮座創立当時の株券や創立総会の貴重な資料、入場の木札など

株式會社本宮座株券
金五拾圓

劇場裏から。ちょうど舞台裏には楽屋があった

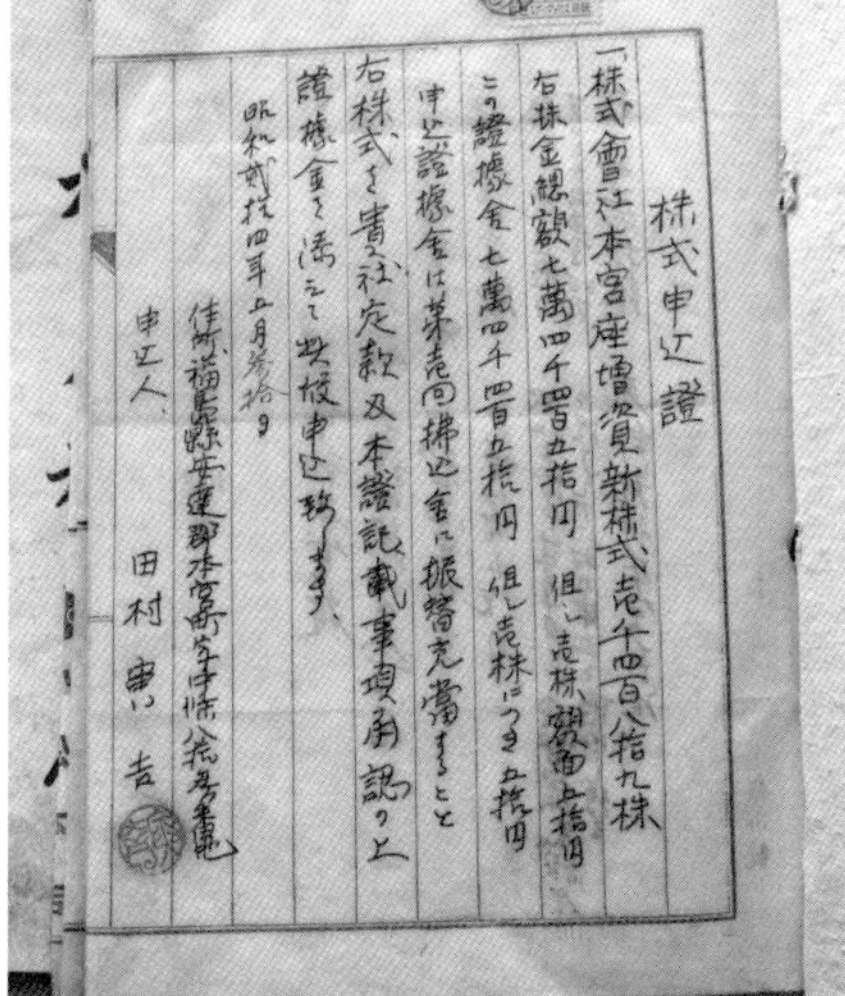
株式申込證
一 株式會社本宮座増資新株式壹千四百八拾九株
右株金總額七萬四千四百五拾円 但し壹株額面五拾円
この證據金七萬四千四百五拾円 但し壹株につき五拾円
申込證據金は第壹回拂込金に振替充當すること
右株式を貴社定款及本證記載事項承認の上
證據金を添へて此段申込致します
昭和弐拾四年五月参拾日
住所 福島縣安達郡本宮町
申込人 田村忠吉

舞台の天井には雪を降らせるための足場が残る

わたしたち本宮の子は、大人たちから本宮空襲のことを聞かされて育った。

昭和二〇年四月一二日、郡是製糸株式会社本宮工場がアメリカ軍機B29による爆撃をうけている。郡是とはアパレルメーカーのグンゼのことである。父は小学校三年生だ。

「飛行機が飛んできたから、みんなで窓に行って、日本の飛行機だと思って、バンザーイ、バンザーイなんていってたら、空からなんだかポロポロおっこってきて、ものすごいおっきい音がして……。爆弾だったのね」

校舎の窓や戸が外れガラスが割れた。どんな音かは表現もできないけれどものすごい衝撃だったという。

本宮町には郡是の工場があったが、当時は本宮航空機製作所として、練習機の翼を作っていたそうである。グンゼといえば、子どものころに着ていた下着メーカーの印象が強いが、軍需工場になっていたのだった。

空襲の標的となったグンゼから自宅は一キロもない距離、小学校は二キロくらいである。父は「うち、やらっちゃな、ダメがもしんないな」と思った。

それから、小学校裏の安達太良神社のある通称・花山へ避難する。

「それがあんた、爆弾おっこってみんなでビックリして立でねんだから。みんなして、廊下はって逃げて。外行ったら不思議と立てたんだけど。それから花山からみんなでグンゼが燃えるのを見てたんだ」

どうやって家に帰ったか、どんな気持だったかなんて憶えてはいない。

そして、その日の深夜、消火が不十分だったのか、今度は木材屋さんが大火事に。火の粉がうちまで飛んでくるので、祖父と祖母は屋根にあがり、必死で水をかけ、わが家への延焼を防いだ。

父は姉と当時うちへ疎開していたおばさんと三人で親戚の家に逃げて一晩を過ごしたという。

この日の空襲は、軍の関連施設が集中する郡山が大きな目標であった。軍需工場に勤労動員されていた多くの男女生徒を含め五六五人が犠牲となっている。郡山に近い本宮も小さい町であったにもかかわらず、生後六か月の女の子を含む五七人が犠牲になっている。春先であったため、野に出てヨモギを摘んだり、ドジョウを獲ったり、農作業中だったり、そんな人たちも犠牲になった。地元の病院は、待合室も廊下もつぎつぎと担ぎ込まれる怪我人であふれかえり、凄惨な状態だったという。

田舎にも迫りくる危険を感じて、祖父は本宮町のはずれにある蛇(じゃ)の鼻(はな)遊楽園近くに土地を買い、そこに自宅を建てることを決断する。夏休みになると父を連れて整地にとりかかった。

そんなある日、天皇陛下のラジオ放送があるというので、みんなでラジオを聴いた。玉音放送である。どんな内容かはよく分からなかったが、まわりの雰囲気で戦争の終わりを知った。子ども心に「あーよかったなぁ」と思ったという。結局、新しく家を建てることもなく引越しせずに終わった。

こうして、当劇場は戦争を生き延びた。戦時中、アメリカ軍の空襲によって、全国で五一三館もの映画館が焼失した。父は毎年八月一五日には戦争の記録フィルムの無料上映会を開催している。

本宮映画劇場誕生

戦後になってほどなく、大家さんは小松さんのまま、ついに祖父・田村寅吉だけの劇場が誕生する。一九四七年度版の映画館名簿には、前年の情報として、本宮座の経営者・支配人に田村寅吉の名が載っている。業態は短期上映館とある。

週の半分劇場を運営していた菅野さんには副業がなかったので、劇場だけでは苦しくなったのであろう。菅野さんが経営から離れた。わが家は祖母・田村コウが映画館前で営んでいたアイスキャンデー屋が、月半分しか稼ぎのない映画館の経営を下支えしていた。

そして、いよいよ映写機も設置され、本格的な映画館となったのである。本宮座の名称も変えて、本宮映画劇場の始まりである。地元の人はいつの間にか、当劇場を「タムラ」「タムラ映画」「タムラ劇場」など、わが家の姓で呼ぶようになった。

昭和二二（一九四七）年、父は小学校五年生、映写に興味を持ち映写を手伝って覚えていく。学校の勉強より、劇場にいるのが楽しくてしようがなかった。

「あんたは将来経営者になるんだから、機械の操作も覚えなさい、っていわれたの」

祖父は映画会社や興行師との商談の際には、中学生になった父を必ず商談に立ち合わせ、ときには意見を求めたりもした。父が遊んでいるときには、わざわざ従業員に呼んでこさせた。アイスキャンデー屋と映画館に従業員が何人もいて、父はお坊ちゃまだったのだ。住み込みの映写技師や従業員もいたほどである。

「おまえは跡継ぎなんだから」と祖父は言い聞かせ連れて歩いた。映画館主・興行師としての英才教育ともいえる。

父は八人兄弟で、兄と姉がいたが兄は幼くして亡くなったため、長男として育てられた。当時、祖父のように堅気の商売から興行師になったケースは珍しく、まわりの興行師はヤクザばかり。夏でも長袖、脱げば刺青があらわになる方々との会話術も自然と学んでいった。その方々から父はかわいがられた。

福島商業高校入学が決まると、祖父は福島市内全ての映画館に「うちの息子が福島に通うから映画を見せてやってくれ」と父を連れて挨拶まわりをしたというから、どれだけ将来を期待していたのだろう。

「今考えてみっと、勉強しなかったね。劇場に行って遊んでばかりいたから、高校に上がっときは苦労した……」

高校時代、福島市内の映画館は顔パスで見られたので、ちょっと時間をつぶすのに、映画館へよく足を運んだ。映画を楽しむよりも、ほかの映画館はどうなっているのかをチェックしていた。このころから番組編成もするようになる。

後に祖父が思いがけなく早く他界し、二〇歳で社長になった父。若い社長の下で働くのはおもしろくないと辞めていく人もいた。一方、かつて営業マンだった映画会社の面々は田村さんのお坊ちゃんと憶えていてくれて、偉い立場となっていたその方々から何かと助けられたという。

祖父の教育方針は功を奏したようだ。わたしは祖父に会えなかったけれど、昔から一番会いたい人という気持は今もかわらない。

短きわが世の春

町に唯一の映画館、本宮映画劇場。昭和二二（一九四七）年から昭和二四（一九四九）年ごろが「わが世の春」だった。忙しいときには小学生の叔母までが学校を早退して手伝った。

世間に目を向けると……。

昭和二四（一九四九）年夏に本宮駅から北へ四つ目の松川駅と金谷川駅間で列車が転覆、共産党員や労働組合員らが犯人として逮捕・起訴されるという松川事件が起きている。のちに無罪が確定し、事件を題材にした映画も製作されている。いまだに真犯人は謎のままである。この事件、本宮空襲とともに子どものころ大人たちから聞かされた。

昭和二五（一九五〇）年六月に朝鮮戦争が勃発して、その影響は朝鮮特需と呼ばれ、日本経済を潤すこととなる。日本国内ではマッカーサーがレッドパージを指示する。官公庁を中心に共産党員や同調者の追放が行なわれたが、レッドパージは映画業界にもおよび、追放された人たちは、その後独立プロを結成し社会性の強い内容の作品をつくってゆく。

米軍の戦車や航空機までが出動し「来なかったのは軍艦だけ」といわれた東宝争議も、昭和二五（一九五〇）年には終息している。東宝は争議で撮影所機能がマヒしたため、製作会社として設立されたのが新東宝だったが、同年に東宝の傘下を脱し完全独立を果たす。

東横映画、東京急行、太泉映画の共同出資で東京映画配給株式会社が昭和二四（一九四九）年に設立、これが昭和二六（一九五一）年に東映となる。

こうして、松竹、東宝、大映、新東宝、東映の大手五社がそろう。各社とも契約する映画館を確保し、シェア拡大を目指し競い合うようになる。

劇映画の製作本数も、昭和二一（一九四六）年には総計六一本だったのが、昭和二五（一九五〇）年には二一五本にまで増えている。

昭和二五（一九五〇）年に、東宝は岡田英次と久我美子のガラス窓越しのキスシーンが話題となった今井正監督『また逢う日まで』を公開。

大映には黒澤明の『羅生門』があり、翌年、ヴェネチア映画祭金獅子賞を受賞し戦後日本映画が世界的に注目されるきっかけとなったのはご承知の通り。大映は三益愛子主演の母もの映画で大ヒットを飛ばしていた。

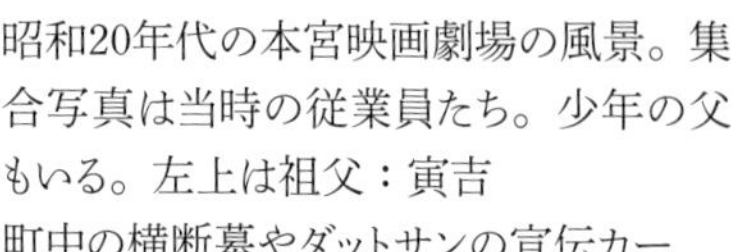

昭和20年代の本宮映画劇場の風景。集合写真は当時の従業員たち。少年の父もいる。左上は祖父：寅吉
町中の横断幕やダットサンの宣伝カー

3階まで満員の劇場。1952年6月2日勤労者慰安無料上映会『鞍馬天狗』シリーズと『我が家は楽し』の上映前に（本宮市在住、渡辺愛子氏より寄贈）

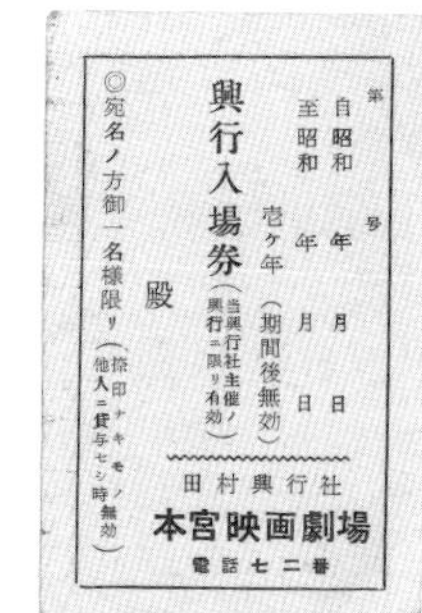

第　号

自昭和　年　月　日
至昭和　年　月　日
壱ヶ年（期間後無効）

興行入場券（当興行社主催ノ興行ニ限リ有効）

殿

◎宛名ノ方御一名様限リ（捺印ナキモノ他人ニ貸与セシ時ノ無効）

田村興行社
本宮映画劇場
電話七二番

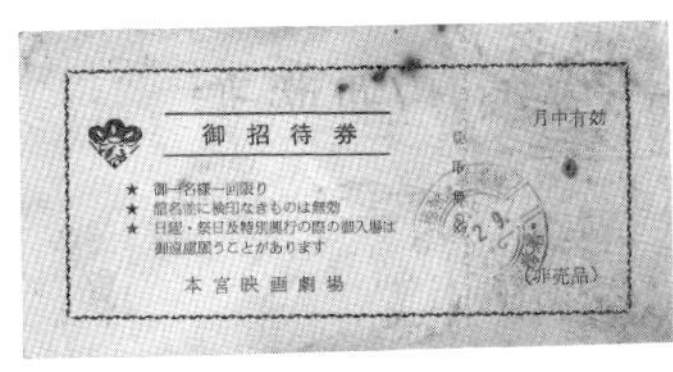

御招待券

★ 御一名様一回限り
★ 館名並に検印なきものは無効
★ 日曜・祭日及特別興行の際の御入場は御遠慮願うことがあります

本宮映画劇場

月中有効

（非売品）

東横映画（東映）は関川秀雄監督『きけ、わだつみの声』が初ヒット作となる。松竹は斎藤寅次郎監督・美空ひばり主演『東京キッド』。大庭秀雄監督『乙女の性典』など、性典映画といわれる作品群がこのあとも続く。

「美空ひばりは俺の一つ年下だぞい。子役時代のひばりは人気があったんだ。あと松竹は斎藤寅次郎の『腰抜け伊達騒動』。高田浩吉、伴淳が出てて、何回やっても客がきた」

昭和二六（一九五一）年には松竹が国産初のカラー映画『カルメン故郷に帰る』を公開しているが、じつはモノクロ版も同時に作られている。これは現像でカラーをモノクロにしたのではなく、別々に撮影されたものだ。田舎や場末の映画館ではカラーだと思って観に行ったらモノクロだったということがあったにちがいない。カラー版よりモノクロ版の方を評価する人もいる。

日本映画界は苦しいながらも、戦後の混乱期から回復、上昇期を迎えていた。

街にもう一つの映画館出現

そんな日本映画の上昇期であった、昭和二六（一九五一）年、かつて本宮座を共同運営していた菅野さん、その娘さんがスポンサーをみつけ再び本宮へ帰ってきた。そして、新たにオープンした映画館が本宮中央館である。しかし、中央館は一年で経営に失敗する。これは中央館が上映していた東映にヒット作品がないという時期も関係するだろう。

経営に行き詰った中央館をうちに買いとらないかと話がきた。しかし、祖父は二館はいらないと断っている。

もし、あのとき、買い取っていたら……買い取って営業しなくても倉庫にでもしていたら……、後々本宮映画劇場が苦労することはなかったかもしれない。

結局、農機具販売業をしていた方が中央館を買い取った。その方は映画館を買い取ったものの映画の素人。菅野さんの娘さんは、そのまま中央館で働くことになる。

菅野さんの娘さんは、わたしの父同様に本宮座の子どもであった。映画館の娘であり、映写もできて番組も組める即戦力だ。オーナーの片腕として、閉館まで働いていた。わたしにもうっすら記憶がある。

菅野さんの娘さんは、父より年上で、数年前までは元気な姿をたまに見かけたそう。お互い顔は知っているが話したことはほとんどなかったという。もしお元気なら、お会いしてみたい。

昭和二〇年代――。

本宮映画劇場は、松竹、東宝の映画を上映していた。対する中央館は、大映、東映の映画を上映。東宝は都会的でハイセンス、松竹は家庭劇などのイメージがあるが、この辺りは祖父の好みだったのだろうか。

昭和二〇年代までは、大映さえおさえておけば、映画館は安泰だったそうだ。

大映は戦時中に新興キネマ、大都映画、日活の製作部門が統合してできた会社だが、戦後は直営館を持っていなかったため、製作に重点を置かざるを得ず、日本最初の接吻映画『或る夜の接吻』や日本最初の姦通映画といわれた『彼と彼女は行く』など観客の興味にストレートに訴えるような映画を企画する。封建的な時代劇が規制されると、『狐の呉れた赤ん坊』のようなチャンバラのない時代劇、片岡千恵蔵の多羅尾伴内シリーズ第一作『七つの顔』のようなピストルをバンバン撃つような活劇などで人気を得ていた。『山猫令嬢』に始まる母もの映画も観客の涙を絞っていた。

女工さんの娯楽

東京には映画館がたくさんあって、日比谷、銀座、新宿、渋谷、池袋……その街その街のカラーによって客層が分かれているように思う。田舎の本宮映画劇場は、ときに日比谷の映画館になり、ときに浅草の映画館になり、場末になる。

父は番組編成の参考に業界紙を購読し、封切の地域別の観客動員数をチェックしていた。

「新宿や浅草で入るのが、本宮でもうけんのよ。丸の内でヒットしても田舎には向かないんだ」

洋画に邦画、真面目な映画、独立プロの映画、喜劇、ドキュメンタリー、エログロ、アニメ……。お上品な映画、お下品な映画……。本宮映画劇場はとにかくいろんなジャンルの映画を映画会社に関係なく上映したほうだと思う。これはすべて「集客」のため。

本宮はなにせ人口が少ないので、苦肉の策でもあった。

戦後しばらく、一つの映画館を支えるには人口二万人が適正な数字とされていた。本宮町の場合人口一万数千人。そこに二軒の映画館があったので経営は楽ではなかった。こんなことは映画の全盛期に、全国各地で見られた。

「人口一万人のところに、映画館は二館あるのがふつうだった」

というのが父の認識。

洋画は学校の先生などのインテリ客に好まれ、独立プロ系の映画は内容によって労働組合など組織動員があったり、アニメは子どもたち……。

女性にうける映画は集客が良かったという。

テレビもなくて、アイドルやスタアに会えるのは映画だけだから、うなずける話である。そして、女性が集まると男性もついてくるというわけだ。

まだテレビも普及していない時代、男女共に集まる映画が一番の集客につながったのだ。本宮町にはグンゼの工場があり、そこで働く女工さんたちにとって、劇場裏の小さな洋品店での買い物と映画はなによりの楽しみ。

地元のお祭りの日は、一年でもかき入れ時だった。

とくに、岩角山（岩角寺）の祭礼は夜なので、映画が終わってから劇場からたくさんの人がお祭りに向かった。

「岩角山の日には一五〇〇〇人も入ったんだ。入りきれない人が劇場の前にもあふれて。夜の一〇時に映画が終わるから、映画館で待ち合わせてテクテク一時間も歩くんだ。そこで男女が仲良くなったりしたんだぞい。バスが通るようになってダメになった」

特別の日であるお祭りの日に、見世物小屋やおばけ屋敷ではないけれど、小遣いを持って、ちょっとおしゃれをして映画を観に行く人たちの姿を思い浮かべてしまう。まるで、古い映画のワンシーンのよう。

「本宮は貧しかった。おかずなんかないんだから。ご飯におつゆかけて食べて。初めてバナナ食べたときは、こんな美味しいものあるかってほんとにビックリしたね」

仕事が終われば映画を観て銭湯に行く。ほかに娯楽といえるのは数軒の貸本屋と、子どもには紙芝居屋ぐらいのものだった。

一日だけの『ローマの休日』

さて、信じがたいお話だが、当時本宮映画劇場ではオードリー・ヘプバーン主演『ローマの休日』を上映している。

「昭和二九年ごろかな。まだお父さん（祖父・寅吉）が元気で、東京で話題だしうちでもやってみっかとなって、それでパラマウントかな？ フィルム借りることになったんだ。封切二か月後あたりかなー、本宮で一回だけロードショーやることになった。フィルム借りんのに、まず一回のロードショーに二万円で、一か月後に四日間だけ上映予定で一〇万円。合計一二万円。

当時、田舎では月給八〇〇〇円から一〇〇〇〇円くらいだから、すごいばい。

ポスターは二種類あったんだ。俺が一五枚ずつ注文したんだ。みんなぶっつぁいちゃったけど。あれ今あったらすごいんだけど、まさかそんなこと思わないもんなぁ」

ポスターは劇場に一枚、町の銭湯に一枚ずつ貼ってもらうのに四枚、町なかの立て看板が一〇か所。合計一五枚ほど注文することが多かった。

「いざ一回のロードショーやったら、案外お客が入んなくて、入っと思ったんだけどねぇ。一人八〇円で上映して売り上げ一二〇〇〇円、フィルム代が二万円だから赤字だぞい。一か月後にやっても、これは見込みないからキャンセルしたんだ。ロードショーで五、六万稼げればいいけども。最初から赤字だったら、一〇万だしてやってらんにーばい。そうゆう町なんだ、本宮は。結局、町が小さすぎんのよ」

本宮の『ローマの休日』はたったの一日で終了。

それから六十数年後、正月に本宮のお隣で岳温泉ふもと大玉村のホームセンターへ立ち寄った。『カサブランカ』『ローマの休日』などなどの名作DVDが九八円で売られている。こんなに安くて本当に映るのだろうか？　と試しに一つ買ってみた。

父が「劇場のスクリーンに映しってみっぺ」と言い出した。でも、お正月の劇場はとても寒く、足がパンカパンカになってしまうので、暖かくなったら六十数年ぶりにむかしと変わらぬ劇場でスクリーンに映してみよう。そのときは記録映画『旅する映写機』でうちといっしょに紹介された大心劇場からはるばる旅してきたプロジェクターを使って。

日本映画黄金期というけれど

前に昭和二四（一九四九）年から昭和二六（一九五一）年ごろを日本映画の回復・上昇期と書いたが、昭和二八（一九五三）年、昭和二九（一九五四）年になると今も映画史に残る名作傑作が次々と公開されている。昭和二七（一九五二）年にサンフランシスコ講和条約が発効し、それまで規制されていた原爆など米軍による戦争被害や仇討物なども映画で描けるようになった。マキノ雅弘の『次郎長三国志　次郎長売出す』が一二月に東宝系で封切られ、以降第九作まで作られる人気シリーズとなった。

昭和二八（一九五三）年には、大映は溝口健二『雨月物語』、松竹は小津安二郎『東京物語』、木下恵介『日本の悲劇』、大庭秀雄『君の名は』第一部・第二部、東映は今井正『ひめゆりの塔』など。変わったところでは東宝のトービジョン『飛び出した日曜日』（村田武雄監督）がある。海外の立体映画に影響を受けて作られた国産3D映画。NHKテレビ東京局と民放の日本テレビが放送を開始したのがこの年。

昭和二九（一九五四）年には黒澤明『七人の侍』、本多猪四郎『ゴジラ』、木下恵介『二十四の瞳』、溝口健二『近松物語』『山椒大夫』、成瀬巳喜男『晩菊』『山の音』など名作がそろう。『君の名は』は遠くから何時間も歩いて観にくる人もいた。『二十四の瞳』は生徒たちが団体で鑑賞にきてくれた。まさに日本映画の黄金期といえるのだが……。

「ゴジラはやったけど、当時は、まあうちみたいな田舎じゃそんなうけなくて。最初のゴジラは子どもがこなかったんだ。女の客もこない。やっぱり、映画は女の人こないとダメなのよ。東宝もそのあと中央館でやるようになったんだ」

本宮映画館劇場はそれまで上映していた東宝を手放した。契約を解除したのである。昭和二九（一九五四）年には、東映の中村錦之助主演の中篇映画『新諸国物語 笛吹童子』が大ヒット。一部、二部、三部と毎週上映され、とにかく大入り。次作の中篇映画『霧の小次郎』『里見八犬伝』も毎週大入り。

これらの中篇映画は東映娯楽版と名付けられ契約館での全プログラム東映作品二本立ての実現をめざすものだった。

たった一年で、それまでパッとしなかった東映を上映する映画館は経営が明るくなっていった。

「錦之助も松竹作品はうちでも上映していたけど、東映であんなに人気が出るとは……。東映なんてパッとしなかったんだぞい。映画を作り始めても最初はスターもい

劇場に残る『ゴジラ』スチール写真

ないし、うちは手出さなかった。そのうちＮＨＫのラジオで笛吹童子が流行って。ラジオの時間は風呂屋もガラガラになんだぞい。で、笛吹童子を映画でやるようになったら、中央館の前が自転車いっぱいなんだ。どれだけ自転車あっか見に行ったこともあった。そんで、うちきたら、自転車ちょこっとしか停まってなくてね。あれは本当にまいったわー」

夜の一〇時過ぎに中央館帰りのお客さんが町にたくさん溢れてる光景を見つめる高校生だった父。なんだか切なくなってしまう。

ご当地映画『警察日記』と日活

戦時中の企業統合で製作・配給部門が大映に統合され、興行会社として存続していた日活が映画製作を再開するのは昭和二九（一九五四）年六月から。本宮映画劇場でも日活作品を上映することになった。

そして昭和三〇（一九五五）年には本宮映画劇場の歴史のみならず、本宮の歴史を語るうえでもかかせない日活映画が公開される。それが『警察日記』である。

「昭和二九年ね、秋かな、本宮で撮影したの」

『警察日記』は福島県内各地、そして本宮町がロケ地となった。

当時一八歳だった父は夕方駅前に撮影を見に行くと、お祭り以上の黒山の人だかり。森繁久彌、沢村貞子、二木てるみ、宍戸錠と、錚々たる俳優さんが本宮へやってきたなんて、現在のさみしい駅前の景色からは、まったく想像がつかない。

昭和三〇（一九五五）年二月に封切り。

いつもなら封切り映画のフィルムなんて貸してもらえないド田舎だけど、ロケ地ということで日活が貸してくれることになった。

通常封切り作品写真代（昔の人はフィルムのことを写真と呼ぶ）がだいたい二〇万円のところを八万円。でも、本宮がいつも借りる金額は一本五〇〇〇円から一万円。ラーメン四〇円、大卒初任給一万一〇〇〇円の時代である。いかに封切りの写真代の高いことか。

そのころの本宮映画劇場は、昼は一時〜四時、夜は七時〜一〇時の二回上映で、一日通し上映ではなかった。

「本宮のようなちっぽけな町は朝から映画観る人なんかいねわい」

けれども『警察日記』は朝一〇時から夜一〇時までの一二時間通し上映となる。同時上映は東宝の雪村いづみ主演『あんみつ姫』。

いつもは五五円の料金を八〇円。三日間の売上金三

父が撮影した『警察日記』ロケスナップ。森繁久彌、沢村貞子、二木てるみがいる

〇万円。単純計算で一日あたり一二五〇人。これはものすごい人数。学校の先生も観にきていたという。

二月は寒くていつもなら日に二〇〇〇から三〇〇〇円のさみしい売り上げが、このときばかりは余裕だった。三日間ずっと満員で最高動員数記録達成、大入り満員の作品となった（その後もこの記録は破られることはなかった……）。

この話を父から聞いた直後に、わたしがアルバイトしている東京の名画座で『警察日記』の上映があった。初めてスクリーンで観ることができた。

『警察日記』の舞台は磐梯山のふもとの町。警察署の名前が横宮警察署となっているので、明らかに本宮をイメージさせる。

幼い捨て子の二木てるみを自宅に連れて帰る人情家の警官に森繁久彌、いささかいいかげんな三島雅夫の署長、正義感にあふれる若い警官は宍戸錠。二木てるみの達者な子役ぶりには驚かされる。

ちょっと間抜けで泥棒に間違われるお人よしに伊藤雄之助、それを捕まえるのが三國連太郎の警官なのだが、一〇年後に撮られる松川事件をモデルにした『にっぽん泥棒物語』では、伊藤が悪徳警官で、三國が泥棒役を演じ、立場が入れ替わった役でまたも東北弁でやり合うとは、二人ともご存じない。

警察署に持ち込まれる事件は、子どもの学用品を万引きする母、不法な就職あっせんなど、どれもこれも貧しさから起こる事件ばかり。当時のお客さんはわがことのように身につまされながら観たのかな。

だいぶ前にＶＨＳで観たときはまだおもしろさがよくわからずにいた。

あらためて観ると、本宮駅前通り、今はなき旅館千鶴荘（ちかくそう）、昭代橋など阿武隈川の景色、当時の風景をばっちり確認できて本当に嬉しかった。そして心からその時代にタイムスリップしたいと思った。

幼いころから、父や祖母、親戚のおばさんたちから事あるごとに警察日記、警察日記といわれ続けていた。それだけみんなのなかに大きな思い出となっていたのだ。

現在では『警察日記』のことも知らない市民がほとんどであろう。本宮映画劇場、そして本宮の歴史のうえで伝説の映画『警察日記』のことをわたしが記しておかなければならないと今は強く感じている。

監督の久松静児は文芸作や喜劇なども多く、この作品が代表作となった。映画はヒットしてキネマ旬報ベストテン第六位に選ばれ、続篇も作られている。

余談だが、原作者の伊藤永之介の著書『新警察日記』には、「ゴジラ一本木町を急襲す」という話があって、町の映画館がゴジラの宣伝チラシを新聞に折り込んだところ、田舎の人がこれを号外と勘違いして、本当にゴジラが現れたと信じて騒ぎが起こるという展開。これも、本宮町と当劇場をイメージしたのかな、まさか！

『警察日記』はヒットしたが、製作再開したばかりの日活にはスターもいなくて、これといったヒット作品もなく劇団員や役者を引き抜いたりと苦しい状態が続いた。

田舎では有名な役者の映画にお客さんが集まりやすいので、日活映画はお客さんが入らず。子役でデビューした浅丘ルリ子の人気が出るのはちょっと大人っぽくなってから。

昭和三一（一九五六）年に公開された長門裕之、南田洋子主演『太陽の季節』は太陽族映画の始まりとなった。当劇場でも上映している。石原慎太郎の芥川賞受賞作を映画化したもので、石原裕次郎が脇役でデビューしている。同じ石原慎太郎原作『狂った果実』では裕次郎・北原三枝が主演し、中平康監督の斬新な映像とともに話題となり裕次郎はスターダムを駆け上がるのだが、都会の若者たちの生態を描いた太陽族映画は青少年に悪影響を与えると世間の顰蹙(ひんしゅく)を買った。

「裕次郎がでてきたころ、急に日活から月々の写真代、倍ふっかけられて。それで中央館にもっていかれることに……」

父と祖父とで有楽町駅前の日活国際会館ビルへ行くこともあった。ある日、日活の営業マンから、一か月五万円のフィルム代金を一〇万円とふっかけられた。たいした作品もないし……と日活を手放したのだ。すると中央館がすぐに日活映画の上映を始めることになった。あらかじめ中央館が水面下で日活に働きかけていたのだろうと父は推測する。

「小林旭に人気がでっとは思わなかった」

中央館は日活を手に入れたタイミングがよかったのだ。あるいは機を見るに敏だったともいえようか。日活ではどんどんヒット作品が作られ、スタアも生まれるようになる。

中央館黄金時代はこうして始まった。そしてどんどん中央館は盛り上がる。専属の印刷屋さん、売店のお菓子屋さんもどんどん大きくなった。

いっぽうわが本宮映画劇場の苦労は続いていく。

二代目の奮闘

昭和三〇年代――。

本宮映画劇場は、松竹、新東宝の映画を上映し、対する中央館は、大映、東映、日活、東宝を上映。

昭和二九(一九五四)年から映画の観客動員数は急上昇し、昭和三三(一九五八)年には国内の映画観客動員数が史上最高を記録した年である。その数、一一億二七四五万人。その後、昭和三四(一九五九)年、昭和三五(一九六〇)年と観客動員数をわずかに減らしているが、昭和三六(一九六一)年になると観客動員数が八億六三四三万人まで激減する。映画館数も昭和三五(一九六〇)年の七四五七館をピークに減少に転じる。

この数字から判断すると昭和三〇年代前半が日本映画の全盛期だったことになる。

昭和三一(一九五六)年に祖父は亡くなり、二〇歳で本宮映画劇場の社長になってしまった父。父が館主だった時期は、映画界が頂上を登りつめ急転直下、転げ落ちる時期とぴったり一致する。

今では映写技師と勘違いされがちだが、支配人の山口さん、映写技師七、八人をかかえた映画館経営者だったのである。従業員だけでなく、父の下には五人も妹や弟がいてその生活も父の肩にかかることになる。

劇場に残る昭和三〇年代のチラシを見ていると、番組が二日、三日しか上映されていないことがわかる。だいたいが二本立て、三本立て。三本立てとすると、一週間に九作品も上映されるというわけだ。現在のシネコンでは一日何作品も上映されるのが当たり前だが、当時は都会の封切映画館では、二本立て、一週間が一般的だった。

本宮町では、というか本宮映画劇場では、二日か、せいぜい三日しか番組がもたなかったのだ。人口が二万人足らずの町に二つの映画館があることがとてもつらい状況なのであった。

昭和三〇年代の松竹は木下恵介監督『喜びも悲しみも幾歳月』くらいでヒット作に恵まれずにいた。

「松竹との抱き合わせ、新東宝じゃ弱いから大映にしたほうがいいんじゃないか。大映に話つけるから」

と松竹の営業マンが提案してきた。当時は映画会社の営業マンが毎月定期的にきていた。大映を上映できる。喜んだ父は場内には「映画は松竹 大映」という看板を作り、松竹と大映のマークもトタン屋さんにオーダーし、はりきったのだが……。

一年ももたず、大映をまたまた手放すことに。

「大映はねー、やりたくてね。赤胴鈴之助やりたかったから、うちでできるってなったときはうれしかったね。赤胴鈴之助はポスター残ってっぱい。そのとき、今も劇場にある〈映画は松竹 大映〉って看板作って。大映マークと松竹マークもそんときトタン屋に作らせて」

今でもその看板たちは劇場に健在である。

武内つなよしのマンガが原作の『赤胴鈴之助』は、吉永小百合が出演したラジオドラマから人気に火がつき、昭和三二（一九五七）年から翌年にかけて計九作映画が製作されている。

「子ども向けの映画はものすごい人気だったたね。『まぼろし探偵』は弟がマンガをまねして描いてたの見てやってみた。でも、こういう番組は夜がダメなのよ。午前中と昼だけ」

『まぼろし探偵』も桑田次郎のマンガが原作で、やはりラジオドラマやテレビ番組となって人気が広がった。映画は昭和三五（一九六〇）年に三作品撮られて新東宝が配給した。父はその後も子ども向けの番組編成には熱心に取り組んでいる。

昭和三二（一九五七）年の興行収入ベストテンを見ると大映作品は一つも入っていない。翌年になると長谷川一夫、勝新太郎主演『忠臣蔵』が興行収入一位、『日蓮と蒙古大襲来』もベストテン入りしているのだが。なぜか、本宮映画劇場が契約する時期には各社ヒット作品に恵まれない。

「大映も一年もたなくて、また中央館にいっちゃって」

そして、もとの松竹と新東宝に戻ったのであった。

松竹最強の布陣である佐田啓二、有馬稲子主演、木下恵介監督で撮られた『惜春鳥』も、会津若松が舞台でいい映画だったのに全く入らず。松竹ヌーベルバーグ作品もうけない。

「松竹もねー、昭和二〇年代は良かったんだけど、三〇年代になったらヒット作ないんだもの。もう全然ダメ。小津安二郎もねー作品良くても田舎じゃうけないねー。大島渚なんてハナシになんない、人が入んないんだから」

新東宝作品も中川信夫監督『東海道四谷怪談』、渡辺邦男監督『明治天皇と日露大戦争』以外は、あまり入らず……。

新東宝の『明治天皇と日露大戦争』は嵐寛寿郎が日本史上初めて明治天皇を演じて大ヒットした作品で、シネスコ版カラー作品という当時としては超大作だったが、スタンダードサイズ版も撮られている。シネスコの上映設備がなかったり、普通だとフィルムがまわって来るのが遅い下番館用だったのだろうか。本宮映画劇場でやったのはシネスコ版。

「シネスコの上映用のレンズはレンタルで一日二五〇〇円かかったんだ。四日で一万円。高かった」

新東宝はお色気作品がどんどん増えていく。そうすると女性客が減少する。大江健三郎の「セブンティーン」という小説にはエロ映画が好きで新東宝という綽名の人物が登場するそう。世間から新東宝がどう見られていたかだいたい想像がつく。

「菅原文太もね、新東宝時代はパッとしなくて。ハンサムタワーも全然だったしな」

ハンサムタワーとは東京タワーのように背が高くてかっこいい男たち、菅原文太、吉田輝雄、高宮敬二、寺島達夫らの新東宝の新人のこと。

スターのいる日活、東映作品のかかる中央館に女性客がいってしまう。そもそも昭和三〇年代には、松竹、新東宝に大ヒット作品があまりないし……。

「大映も東宝も日活も松竹も、なーんだかうちでやっとヒット作がなかったんだなー。中央館は運が良かったんだ。東映だって中央館でやりだしたら、ヒット作でるし、だんだん盛り上がるし」

当時の中央館のチラシが残っているのだが、日活は裕次郎や吉永小百合の青春映画やアクションもの、東映の時代劇など、明らかにうちより中央館のほうが面白そう。

当時のお客なら、わたしも中央館に行っていたにちがいない。

父もそのチラシ見ながら、

「あー、もう中央館にはかなわないばい、これじゃ」

思わず二人で笑ってしまう。

祖母が切り盛りするアイスキャンデー屋のほうが儲かっていたので、映画会社からは「キャンデー屋さん」と呼ばれる始末。

本宮映画劇場はヒット作と大スターに恵まれない映画館だったのだ。

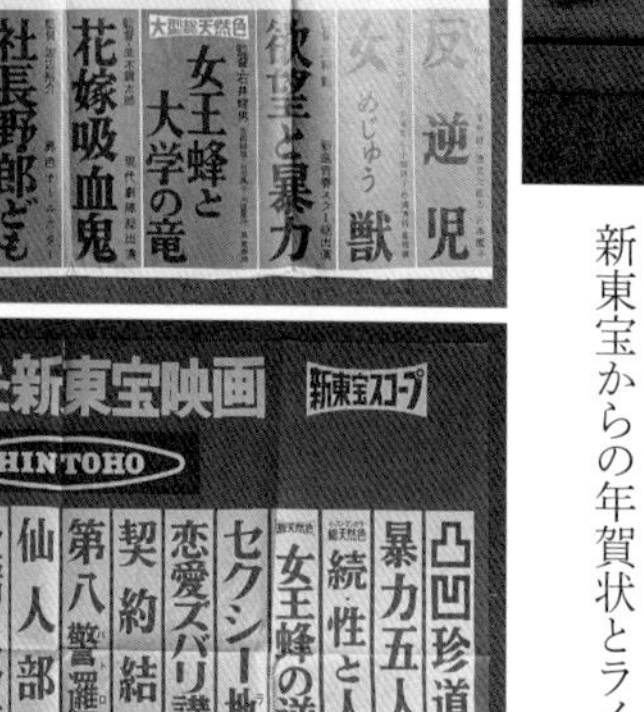

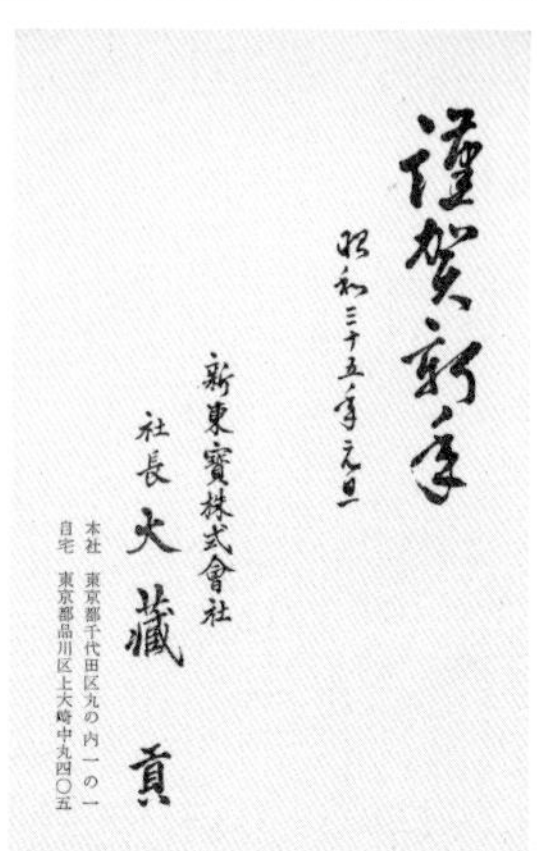

謹賀新年
昭和三十五年元旦
新東寶株式會社
社長 大蔵 貢
本社 東京都千代田区丸の内一の一
自宅 東京都品川区上大崎中丸四〇五

新東宝からの年賀状とラインナップポスター

松竹のスターたちの顔はポスターを切り抜いてトタン板に貼ったもの

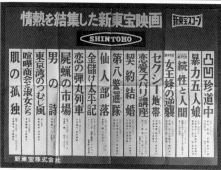

劇場に残る松竹と大映のマークや看板

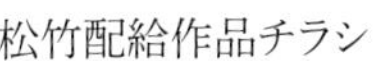
松竹配給作品チラシ

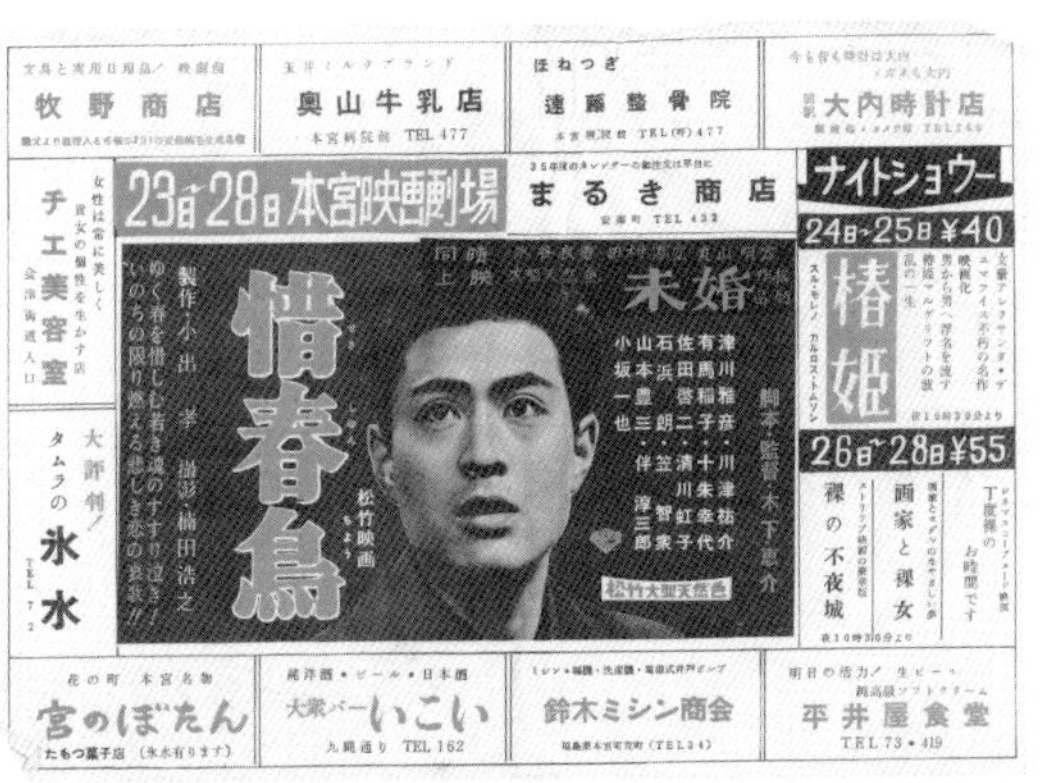

冬のストリップショウ

古いクッキーの缶に昭和三五（一九六〇）年前後の年賀状などがそっくりそのまま残っている。映画会社、映写機の会社、興行師、芸人、映画館から……。見る人によっては、映画興行の貴重な資料かもしれない。久しぶりにクッキー缶を開けてみた。

映画会社の年賀状は、新年に上映する映画の絵柄やタイトルが印刷されていて、とてもおもしろい。シンプルに「謹賀新年　大蔵貢」なんて、大きく書かれているだけのものも。父の記憶力はなかなかで、「木津さん？　あー、その人はヤクザ」などと、会社や名前を見ては簡単に説明をしてくれる。

わたしが手にした「太陽プロダクション」からの年賀状。

「あー、それはストリップ。佐藤さんだばい？」

お、まさに佐藤さん！

「佐藤さんは、何回もうちにストリップの巡業に来たんだ〜。仙台や郡山のおっきいとこでやる間の日、うちみたいな田舎にきて実演するの。交通費も、うくばい」

なるほどなるほど。

「須賀川のピオニ劇場や田村郡の常葉劇場とかけもちしたりもしたんだぞい」

移動映写でのフィルムのかけもちは聞いていたが、ストリップのかけもち？

本宮では夜七時から、須賀川では夜九時からのスタート。二時間くらい早く始めて、二人くらい出番が終わったら次の劇場へとかけもちさんがストリップ嬢をクルマで運ぶのだ。

ストリップ嬢が好きなのか、映画が好きなのか、必ずどこからともなくお手伝いしてくれる人が現れる。

「こづかいをちょっと渡してね。あとは手伝う人いなかったらタクシーなんかで運ぶんだ。元は全然とれっから」

一日で田舎の二つの劇場で実演して、二倍稼げるというわけだ。

ストリップ嬢のかけもち！　これは知らなかったなぁー。

「かけもち」に関しては、今の時代ほとんどありえないのではないだろうか。

上映する素材が当日にないとか、踊り子さんがギリギリまでいないなんて、とてもとても……。でも、そのどうにかなっちゃうところが昔の良さだなと思う。

「踊り子さんたちとお話ししたりしないの？」と聞いてみる。

やはり、きれいなお姉さんが近くにいるわけだし、ちょっとしたロマンスを期待するわたし。

「昔はストリップやるようなオンナコは、俺ら経営者からしたら下の下なんだ」

芸人さんに申し訳ないが、昔は劇場主と芸人には、そういった上下関係があったようだ。

「夜に実演いれっと、あんたドル箱だぞい。月給八〇〇〇円のとこ五万円くらい稼げんだから。あんまり大入りだから従業員に『修ちゃん、映画やんないでストリップだけにすればいいばいい』なんていわれて、全くまいっちまー」

と、笑いながら話す父。

「田村はロクな映画やんねぇ、なんて悪口いうわりには、ほっかむりしてかぶりついて観てんだから。あんたストリップやっと毎回毎回大入りなんだから」

本宮映画劇場の冬は寒い。

夏のアイスキャンデーの売上で薪をたくさん購入して、冬に備えて薪作りに勤しむ。その思い出の斧は今も劇場にひっそりおいてある。

薪ストーブが場内後方に二つ、今の映写室あたりに薪ストーブが置かれていた。

お客さんは、オーバーを着て、座布団や毛布を持って、各自暖をとったり、ストーブにあたりながら映画を観ることになる。

冬になると、売店のチエちゃんが作ったおでんを販売していて、みんなおでんを食べながら映画を観ていた。鍋のなかのクシにささったコンニャク。寒いだけに、よく売れてた。

その風景を想像すると、あ〜〜いい雰囲気……と思うけど、実際は、

「田村に行ぐと風邪ひいちまう」

「うー寒い寒い、風邪ひくわ」

「田村は寒くて」

と散々。でもストリップになると熱気でムンムン。

「おもしばい、ストリップになっと人間暑い寒い言ってってとこじゃねーんだぞい」

寒い冬でもストリップ実演を興行すると、場内は満員御礼。寒さも忘れ、冷暖房一切関

係なくなるそうな。ストリップは殿方の心を暖かくするなによりの暖房効果があったようだ。

本宮映画劇場でストリップをやっていたのは昭和三〇年代。全国的にストリップは警察の取締りが厳しくなり苦しくなる一方で、昭和三五（一九六〇）年ころからは関西方面での露出度の高い全ストが業界を席巻する。昔ながらのストリップ一座の人たちは都会から旅興行に流れてきたのかもしれない。

映画とストリップは相性が良く、ストリッパーが主人公の作品が結構ある。高峰秀子主演『カルメン故郷に帰る』、伊佐山ひろ子主演『一条さゆり　濡れた欲情』、太地喜和子・中川梨絵主演『喜劇　女の泣きどころ』、池玲子主演『喜劇　特出しヒモ天国』などなどほかにもたくさんある。

ストリップショウは昭和二二（一九四七）年二月に新宿の帝都座五階劇場で行われた額縁ショウで裸婦が登場したのが始まりといわれている。額縁ショウとは舞台に大きな額縁をこしらえて、そのなかに女性が名画を模してポーズをとって観せたもの。動くと逮捕されるという噂もあったらしくじっとしたまま。今聞くと現代アートっぽくも思えるが、そこから露出を増していったそうだ。その年の内には日劇小劇場をはじめいろいろなところでヌードを見せるショーや芝居が増えていった。

司修の自伝小説『赤羽モンマルトル』には都内赤羽の映画館でストリップがかかる話が書かれている。小説なのでそのまま事実ではないかもしれないが、戦後、全国の映画館や芝居小屋ではストリップをかけるところがたくさんあったようだ。

ストリップ以外にもさまざまな実演が行なわれてきた。劇団もやってきた。『お初地蔵の由来』という演目のポスターが残っているが、これなどは実際にあった児童虐待事件を題材にしたもの。「あんな怖いお芝居観たことがない。あの劇団がくるのが嫌だった」とは、当時、小学生だった叔母の記憶。

もちろん、歌手もたくさんやってきた。

「来なかったのは、美空ひばりだけ」

と、父は豪語する。思い出すまま名前を挙げると、伊藤久男、春日八郎、林伊佐緒、村田英雄、北島三郎、霧島昇、松山恵子、東海林太郎、岡晴夫、橋幸夫、島倉千代子、並木路子、守屋浩、菅原都々子……。バンドメンバーに歌手五、六人、総勢二〇人ほどでやってくる。司会はコロムビア・トップ・ライトや東けんじら、漫才師が多かった。

川田晴久がきたときは客がやじって、演奏を止めてしまったという。川田は美空ひばりを歌手として育てた人物だが、ずっと健康を害していたので調子が悪かったのか……。

「春日八郎のときは、次の会場まで劇場のクルマで送ったら、マネージャーから、ハイヤーを使えって怒られたんだ」

三波春夫は南篠文若の名前で浪曲師だったころ、本宮映画劇場の舞台に立っていた。昭和二五（一九五〇）年ころから三〇（一九五五）年までのこと。

浪曲公演は本宮座だった時代から行なわれていた。そして、本宮座から本宮映画劇場になってからも浪曲興行は引き継がれた。祖父は浪曲が好きだったのだ。

シベリアから帰還した南篠文若はどういう経緯かわからないが、郡山駅から水郡線で一時間程の石川郡浅川町にある浅川座を経営する貝山さんに面倒を見てもらっていた。

貝山さんは、郡山のみどり座経営者の親分と付き合いがあり、その関係で浅川座の経営者となったらしい。

貝山さんから「本宮でやってくんにかい」と声がかかり、年に数回、舞台に立つことになった。

最初はガラガラだったのが、来るたびにお客さんが増えていく。中学生だった父は不思議に思い、「なんで南篠文若はお客入んの？」と従業員に聞いた。

「浪曲下手だけど、歌うまいんだ」

浪曲の後にやる歌謡ショウを目当てにお客さんが増えていたのだ。

「金丸のオヤジがいっつも弁当届けにくんだ。あの二人シベリアで戦友だったのね」

金丸のオヤジとは劇場から徒歩一、二分のところにある金丸食堂の店主のこと。長く続いている今でも人気の食堂です。

シベリアに抑留されていた仲間が福島の田舎町本宮で再会するなんて、なんだかすごいことに思える。

「南篠文若は夜一〇時くらいに浪曲終わっと、いっつもお母さんがアイスキャンデー作ってっとこ見てたんだ。キャンデー遅くまで作ってたから」

父はその光景をよく憶えている。

「昭和三〇年ころかな、一年間くらい来なくて……南篠文若からお父さんに手紙きたんだ、テイチクからデビューするって。浪曲じゃなくて三波春夫になって歌手で大ヒットだもの」

その後、祖父が亡くなり浪曲もすたれ、父の時代になってしばらくして、栃木の浪曲興行師坂本さんが営業をかけてきて年に数回の浪曲公演を続けていた。

大きな町での公演の合間に本宮はちょうどよかったのかもしれない。劇場に寝泊まりするから宿代も浮くし。

「坂本さんは郵便局行って協賛をもらったり、チケット売ったりして。その日は映画は休み、たーだ場所貸すだけよ。坂本さんは今俺がクルマ停めてるあたりで釜持ってきてご飯炊いて曲師だのに飯くわせて。その後になると、坂本さん、おばけ映画の移動映画を栃木でやってたんだ。やっぱり浪曲じゃ食えなくなってたんだな」

父は浪曲が衰退していくのを目の当たりにした。

「昭和三〇年代になっと、浪曲、講談からすたれたねぇ。落語、漫才は大丈夫だったのよ。人々の関心が映画にいっちゃんだよねぇ。かといって浪曲映画やってもダメなのよ。世の中の移り変わりよ。浪曲師で本宮の舞台に最後に立ったのは三波春夫なんだ。本宮の商店街のイベントよ。そのとき二階の床を補強したんだ」

映写室には三波春夫のＬＰレコードに書かれたサインが今も飾ってあり、昭和三四年と記されている。

東京からのご一行さんとともに来場した、浪曲師・玉川奈々福さん、三味線の沢村豊子師匠が舞台に立つのは五五年後の二〇一四年のことだった。

移動映写班は野外上映へ

現在、学校や公共施設、イベント会場などで映画の上映が行なわれるのは珍しくない。その多くは上映用のデジタル素材をデッキにセットするだけで準備完了。昔は重たい映写機を持っての移動上映や出張上映は映画館にとって大きな収入源だった。

「移動映写班」と書かれている岡持ちほどの大きさの黒いトランクがずっと気になっていた。五〇年もの埃がつもっている。先日、ついに運びだし開けてみた。中には三五ミリの小型映写機の上部分が入っていた。中身は思いのほかきれいであった。

この映写機がどのように使われていたかがとても気になり、さっそく父に聞いてみた。当時は、学校、岳温泉にある旅館の広間でもよくやっていたという。

「岳温泉の出張上映は映写技師が温泉に入れるんで喜んで行くんだ。そのうちに、旅館のご主人から息子が映画すきだから使ってくれって、映写技師にしたんだ。ほかにも農家や近所のお堂でもやったんだぞい」

近所のお堂で‼?

「近所のお堂」というのは劇場から五分もしない距離にある薬師堂のこと。空き地の真んなかに白い壁のお堂が建っている。隅っこにはブランコがあって、わたしにもとても思い出深い場所である。幼いころの自分が遊んでいた、お堂がスクリーンだったなんて。

その景色はわたしが生まれてからほとんど変わらずにあったが、二〇一九年の台風一九号の被害で風景が変わってしまった。

「あそこは壁が白くて、ちょうどスクリーンになったんだ。スクリーン組み立てるの大変だからね。野外上映っていうのはやっぱり夏なんだよ。昔はクーラーなんてないから夕涼みをみんな外でしてたんだ。クルマなんて走ってないんだから。せいぜい馬車や自転車がちょこっと走るだけ。バイクもあんまり持ってる人いなくてね。

子どももいっぱいいたから町のなかに活気があったんだよ。道路はキャッチボールしたり遊び場だったんだ。あのころは、町でクルマ持ってたのお医者さんとタクシー会社とうちくらいで。夕方薄暗くなったころ宣伝カーに映写機積んで技師三、四人で行くんだ。予告篇とニュース映画をちょっと流すんだよ。電柱から電気借りて。そうすると、一〇〇人くらい人が集まってね。俺も高校卒業したばかりで、人がやらないことをやってみたかったんだ」

跡継ぎとして劇場で働きだした父は大好きな映画に専念できると、やる気に満ちあふれていた。

七、八人いた映写技師は、劇場での映写班と、一か月に二〇日間は他の村などで上映する移動映写班の二手に分れていたという。移動映写のない日は技師が暇になる。それで、父はライバル映画館や祖父もやらないことをやってみたいと、お堂での野外上映を思いついた。あくまでも宣伝活動で無料での上映である。

「宣伝といえば、レコードをながして映画の題名をいってまわるのもやったんだ。宣伝カーにレコードプレイヤーを積んで、レコード針が飛ばないように膝の上にプレイヤーをのせて手で押さえながら」

この野外上映は結果として、すぐにお客さんが増えるわけではなかったらしいが、本宮映画劇場のいい宣伝にはなったであろう。

「戦後、一般家庭にラジオしかなくて、皆が貧乏で必死に働いてた。そして、映画観ることが最大の娯楽だったんだ。ただそれだけのことなんだ」

目をつぶって、お堂での野外上映を想像してみた……。

短命だった第二劇場

本宮映画劇場にはもう一館、第二劇場があった歴史がある。昭和三四（一九五九）年、まだ、田舎の一般家庭に白黒テレビはあまり普及していないころ、祖母が経営するアイスキャンデーの店舗に白黒テレビを置いた。映画が始まる前などお客さんにアイスを食べながらテレビを見せていた。

アイスキャンデー屋で第二劇場を開いた

アイスキャンデー屋で使った日本初の電動かき氷機、岡持ち

第二劇場のチラシと
アイスクリームや氷水の広告の入ったチラシ

野外上映を行なった薬師堂

移動映写用のトランクと映写機の上部

宣伝カーの後ろに本宮駅が見える

ストリップや浪曲など

実演のポスター

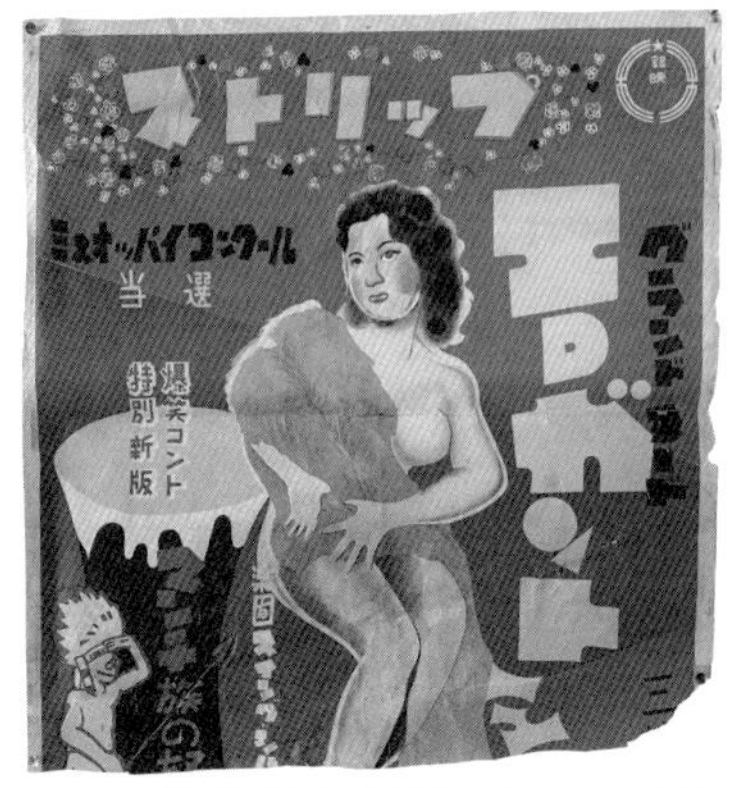

大量に残った大入り袋

それがヒントになったのか、アイスキャンデーの店舗に移動用スクリーンをはって、第二劇場誕生。

当時は映写技師が何人もいたので、スクリーンが二つあっても上映可能であった。

通常映写機は二台使うところ、第二劇場では、移動映写機一台で流し込み上映である。

流し込みとは、数巻あるフィルムを上映したままつなげていくという、今ではほとんど見られない上映方法である。

当時は流し込みができてようやく一人前の技師といえたそうだ。父はそのときは経営者で映写にはタッチしてなかったので、実は流し込みはできない。フィルムが傷みやすいので今ではあまり推奨されないという。わたしが知る限り、現在流し込みを日本でやれるのは、高知県の大心劇場だけ。

第二劇場の始まりは秋祭りの時期、お客さんがいっぱい入った。

子ども向け映画、お化け映画を何度か上映した。ご近所さんに第二劇場で宇津井健のヒーローもの『スーパージャイアンツ』を観たという方もいる。しかし、短期間で第二劇場は幕をとじた。なぜ？

「そりゃあアンタ、客が来ないからに決まってっぽい。いっぱい来たらやめないわ」

なるほど、そりゃそうだ。

残念ながら、第二劇場の写真は残っていないが、チラシは残っている。第二劇場のことは当時の映画館名簿にも載っていない。当劇場には「日和田旅館　日和田映劇」からの年賀状が残る。旅館のなかの広間で上映していたようだ。日和田映劇も今のところ映画館名簿に記載を見つけられていない。

郡山市猪苗代湖に近い湖南町の人気食堂も、かつては映画館だったとの情報を得て、その食堂へ行ってみた。食堂裏の空間に明らかに映写室の小窓があるのを確認できた。映画の全盛期には名簿にも載らない映画館も存在していたことを知っていただけたらと思う。

それにしても、アイスキャンデーを食べながら、ヒーロー映画の『スーパージャイアンツ』や『ハンマー・キット』なんか観たかったなぁ……。

消えた映画会社の数々

経営者として苦労しながら、父は集客のため番組編成にも工夫を凝らし、洋画をかけてみることにした。

『悲しみよこんにちは』『太陽がいっぱい』『処女の泉』『勝手にしやがれ』『渚にて』など、歴史に残る名作の数々を上映している。東北の田舎町でこうした作品が上映されていたことに驚くしかない。

「『太陽がいっぱい』は客が入ったんだけど、ほかは客がちっとも来ねぇんだ。ゴダールもベルイマンも田舎じゃだめなんだ」

『太陽がいっぱい』をどうしても上映したかった父は、新外映という今でいう洒落た映画を配給していた会社に商談へ。

当時、松竹など映画会社は銀座や有楽町あたりにあるのに、新外映は青山の住宅街にあったそうで、ずいぶんへんなとこにあるなぁと感じたそうだ。

当時のチラシを見ると『太陽がいっぱい』『十代の夏』の二本立てが午後一時より通し上映。

そして、夜一〇時からのナイトショウは松竹映画『バナナ』、入場料は四〇円。

昼間はフランス映画二本立て、夜は邦画というプログラム。

「タムラのアイスキャンデー」とおばあちゃんが経営していたアイスキャンデーの広告も入っている。

新外映とのお付き合いが始まり、さまざまなポスターやプレスが残されているのだが、ポスターのデザイン、プレスの作り方、今見てもとても凝っている。

『ぼくの伯父さん』『女は女である』やブリジットバルドーなんかのポスターを見つけたときは「わー、うちにもオシャレ映画ポスターがある」と驚いたものだ。

劇場の折込みチラシや残っているポスターを見ると、有名どころからマイナーな謎の洋画まで、なかなか良い洋画を上映していたではないか。

ヘラルド、20世紀FOX、東和などの洋画配給会社以外にも、昭映フイルムというモンド映画もあつかう会社とも取引があった。父がいかにあらゆる映画会社と取引していたかがわかる。

こんな田舎の映画館なのに……父の番組編成は東京の映画会社の営業マンにおもしろくみえたのか、

「田村くんは本宮にいるのはもったいないな。もっと大きい都市にいったほうがいいのに」なんていわれたことも。

父は、中学生のころから祖父に「おまえは跡取りだから」と商談に参加させられ番組に意見し、高校生のときから番組編成をしていた。番組編成はけっこう難しく、当時は「番組屋」という商売も存在したそうだ。

新外映は今となっては歴史の彼方に消えた会社だが、ほかにも、大宝映画や、宝映など忘れられた映画会社の作品も上映していた。宝映はストリップ映画などが多かった。リストを見てもそれが分かる。

ちょっとエッチな映画は西部劇と二本立てにした番組を組んだという。

「そうすっと、西部劇観に行くって名目で来れっから。強力番組だったぞい。あと洋画でよかったのは『誇り高き男』と『悲しみよこんにちは』の二本立て、これはよかった」

チラシを見ていると、福島県内が舞台の今井正監督『キクとイサム』や『松川事件』など、社会派の独立プロ作品もある。

『キクとイサム』は松竹系で配給された。『松川事件』は山本薩夫監督の劇映画ではなく、当時つくられた記録映画のほうだったと記憶している。

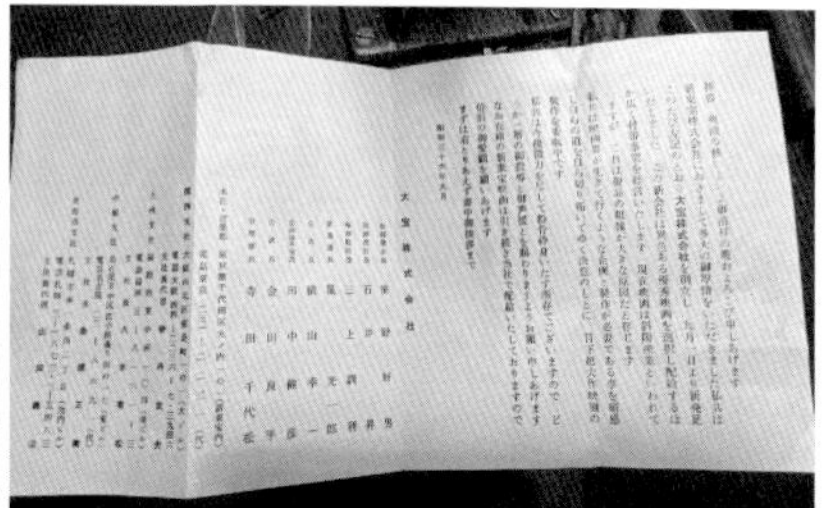

大宝からの挨拶状やポスター。洋画各社からの年賀状や暑中見舞い

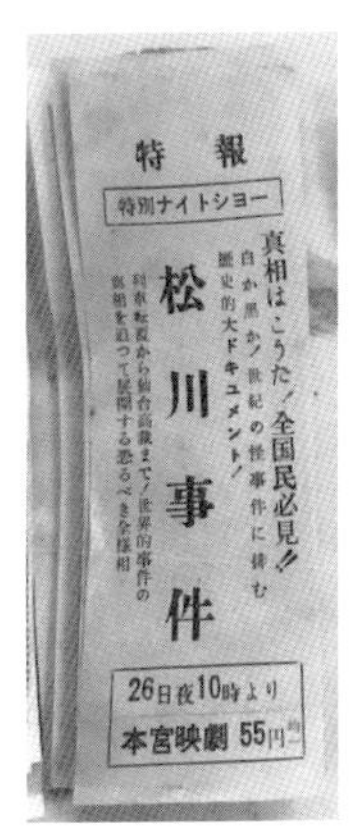

『太陽がいっぱい』『キクとイサム』『怪獣ゴルゴ』『松川事件』や立体映画……。あらゆるジャンルの映画を上映していた。『世紀の記録』のポスターは父のつくったもの

配給屋さん

洋画も入れて意欲的な番組を組んでも、都会でヒットした作品が田舎でヒットするとは限らない。フィルムは一週間単位の金額で借りる。二日上映しても、一週間上映しても、金額は同じ。祖父があそんでしまうフィルムを他館に貸していたことを思い出し、父もやってみることにした。

毎月一回、飯坂温泉の旅館で開催される興行組合の会合で仲良くなった映画館主などに話しを持ちかけ、又貸しを始める。

昭和三四（一九五九）年のことであった。

いざ貸し出しを始めると紹介や口コミで、福島市に近い国見、保原、それから磐越東線沿い小野新町、滝根、大越、磐越西線沿い会津高田、猪苗代、川桁などなど、県内手広くフィルムを配給できた。水郡線沿線の映画館に営業にいったこともしばしばだった。

今ではとうてい許されないことだと思うが、映画会社からも「配給屋さん」と呼ばれ、なんと大目に見てもらえていた。

映画会社は一週間の金額でフィルムを貸し出す。一本の映画を一日、二日上映するだけの地方のちっぽけな映画館は一週間の金額で借りるはずがない。だから映画会社もわざわざ営業にはいかない。

当時の又貸し配給の状況を書いたノートが残っている。洋画では『勝手にしやがれ』『夜と霧』などの名作からイギリス映画『怪獣ゴルゴ』、邦画では『狂熱の果て』や『小人のプロレス』、子ども向けヒーローもの『ハンマー・キット』などの珍品まで、あらゆるジャンルの映画がずらり。

『狂熱の果て』は新東宝解散後に新東宝関係者が集まった大宝株式会社が配給したもので、山際永三監督のデビュー作。長らく映画ファンの間では幻の作品とされていた。

『ハンマー・キット』は三輪彰監督、堀江卓のマンガが原作で、歌手の山田太郎さんが脇役ながら子役でデビューした作品。山田さんの著書によると、お父さんの西川幸男が立ち上げた新栄プロダクションが昭和三十五（一九六〇）年に製作したという。俳優の泉田洋志さんの本（『新東宝秘話　泉田洋志の世界』）では昭和三七（一九六二）年の製作だとしている。当劇場にあるポスターには新東宝興業株式会社配給とある。同社は新東宝倒産後の会社なのでポスター自体は昭和三七年ころのものであろう。

父のノートには作品名のほか、貸出映画館、貸出金額、売上金が記入されている。貸し出した映画館がさらに小さな町の映画館に又貸しすることもあった。そういうときは縄張りを邪魔しないよう、お任せしていた。

「やっぱりヤクザな商売だから、縄張りとかあんのよ。フィルムを借りるお金を払うわけだけど、本宮は俺がやるっていう縄張り代払ってるようなもんよ」

映画会社に告げ口され、その上映はするなといわれたこともあったが、フィルムを貸し出した先の映画館はすでにチラシもまいているし、やめるわけにもいかない状況なので、その映画館には何も伝えず上映させたこともあった。

「後で映画会社の営業マンに『田村さん、映画やったの？』と聞かれ『やった』って答えたら、なんにもいわれなかった。まあ、もう過ぎたことだしいってもしょうがなかったんだろう」

福島市の文映に貸した際には、仲良くしていた興行組合の会長さんが映画会社に告げ口して映画会社から注意されたとか。

「文映は洋画専門館だったけど、移動映写もしていて、自衛隊で映写するフィルムを貸したんだな。自衛隊で上映すんだから、ほかの映画館の営業の邪魔してないけど、ま、おもしゃぐなかったんだろう」

自衛隊でストリップの上演をやって、国会で問題になったことがあるという話を友人から聞いたけれど、自衛隊での出張上映もあったのだった。

映画館と副業

話を聞いていくうちに、興味深いことに気づいた。映画館と副業の関係である。

「配給していた映画館もみんな結局なくなったけど、いま考えてみっと、副業あったところがやっぱり長持ちしたわ〜。だいたいが食堂とか飲食店が多かったね。国見の映画館は葬儀屋だから、金あんだ。映画館閉めても、その副業は続くんだから」

藤田劇場は葬儀屋と映画館
二本松会館は旅館と映画館
浪江中央劇場は結婚式場と映画館
川俣座はラーメン屋と映画館

「昭和二〇年代から、副業を持ってたとこが、多かったんだから」

父が直接取引せず、さらに又貸しだった梁川の劇場は清掃屋さんをしていた。

「清掃屋さん？」

「汲み取り屋だ〜。あんた、当時はアッポ屋っていわれてたんだぞい」

「アッポ」は福島の方言のようだ。

「梁川の劇場は女の人がやってたんだけど、福島の劇場の支配人が辞めて梁川に行ったんだ。で、なんでだかわかんないけど、その元支配人は梁川の映画館やりながらゼロからアッポ屋始めたのよ。田舎の映画館の経営、映画だけじゃ儲かんないって思ったんだろうね。映画興行の仲間らはプライド高いから、みんな悪口いうの。映画館なのにアッポ屋なんてやって、って。映画は文化の最先端なのにってね。まあ、結局、映画館は映画だけでは食っていけなかったんだ。うちだって、アイスキャンデーのほうが売り上げがいいんだから。

昭和の終わりから平成に入ってすぐには、映画教室だの移動映写やって、どこの映画館も閉館直前は映画館以外の収入でもってたようなもんだから」

本宮映画劇場でもフィルムを借りるのにお金がどんどん出て行ってしまう。夏のアイスキャンデーの売上金で冬のストーブ用の薪を買ったり、アイスのほかにも焼きそばや天ぷらも売っていた。そうして、なんとかかんとか維持していた。

年の離れた妹から、「あんちゃん、オーバー買って」といわれたこともあった。寒くてもオーバーも買ってやれなかったのかと、ハッとした。

「金なかったけど、カヨコにすぐ買ってやったんだ。かわいそうだったんだ……」

小さな町に映画館が二つ。二館あることの苦労話を父からとにかく聞いてきた。

もし中央館がなくて、うちしかなかったとしたら、と想像してみる。

「昭和五〇年代くらいまでは俺もがんばって、でも結局本宮ではやっていけなくて映画館たたんだだろうな。そして、劇場も何もかも手放して、なんにも残ってなかったかもしれない。俺は映画がすたれてきて最初にやめたから、案外、こうやって劇場が残せたってのもある。あんた、さもねえ町の映画館、みーんな無くなってんだから。

よく奇跡の映画館って書いてもらうけど、こうして考えるとほんとに劇場残ったの奇跡なんだ」

本宮方式映画教室のこと

本宮市が五年がかりで編集した本宮の歴史本が出版されたので、それをいただきに本宮市の歴史民俗資料館へうかがった。

その本のなかに、本宮映画劇場のことが掲載されているのだ。父とわたしにとって、当劇場がようやく本宮市に認められたような気持になった。

じつは本宮町（現・本宮市）にはちょっと珍しい映画の歴史がある。「本宮方式映画教室」である。

昭和三〇年代初め、太陽族と呼ばれる若者たちが社会の問題となる。映画でも不良っぽい太陽族映画が作られだした。町中に貼られる不良映画のポスターは、当時、かなり刺激的だったのだろう。

青少年への影響を心配した真面目なお母ちゃんたちは、子どもの教育上よろしくないと立ち上がった。「悪い映画は上映しないでほしい」と本宮町にある二つの映画館、当劇場と中央館に猛抗議。

現実はワルな映画、エロ・グロ映画ほど、映画館には経営の支えなのだ。それら映画をやめて、教育的映画だけを上映するのは、死活問題である。そんな映画興行界の当たり前のことなど知らないお母ちゃんたち。

その熱意によって、保護者と学校と地元映画館が協力して、よい映画を積極的に子どもたちに観せるため映画教室が行なわれるようになる。「本宮方式映画教室」である。数年後、吉村公三郎監督をむかえ、『こころの山脈』という本宮を舞台にした映画が製作され、昭和四一（一九六六）年二月には東宝系で全国公開にいたる。

お母ちゃんたちの行動力には、頭が下がる。

当時、その本宮方式映画教室を引き受けた映画館は、わが本宮映画劇場だった……。

といいたいところですが……。

そんなお母ちゃんたちの意見なんか聞いていられるかと、ずっとマイペースにワル映画、エロ・グロ映画を上映していたのが当劇場です。もちろん良い映画だって上映していた。

お母ちゃんたちが騒ぎ出したころ、本宮映画劇場も会合に呼ばれ、当時支配人の山口さんが参加した。

「田村はログな映画やんねぇ」

と散々悪口をいわれ悔しい思いをして帰ってきた。

本宮映画劇場は、それからもずっと、「田村はログな映画やんねぇ」といわれ続け……、六〇年過ぎた今もちょっとそう思われていたりして……。本宮方式映画教室を知る映画愛好家や研究家たちは、当劇場が本宮方式の上映をやっていたと勘違いする。そして、皆さん、それがライバル館だったと知り驚く。

もともと本宮映画劇場が本宮小学校、本宮一中、その他の小中学校の映画教室を請負っていた。

本宮方式映画教室のおかげで、本宮一中や本宮小学校の映画教室が中央館にとられてしまい、他の小中学にも営業に行くと、「本宮一中が中央館だから、うちも中央館に」と、片っ端から断られる始末。

今も唯一残る映画教室事業への表彰状。あら素敵！　と思ったが、じつは、映画教室をしたいなら学校に寄付金を……、といわれ、お金を納めた領収証の代わりの代物だそうで……。

そう、映画教室という仕事を請負うには非常に現実的な大人の事情があることに、ようやく父は気づく。

映画教室はすべて中央館にもっていかれて本宮映画劇場にとって痛手となった。映画教室は無視できない収入源でもあったのだ。当時は月一回以上も映画教室があったのだ。

地元でも本宮方式を知る人はもはやほとんどが六〇歳以上の人たち。いまだにその世代には「ログな映画をやらない田村劇場」というイメージを強く持っている人もいて、正直悔しい。

数年前に、本宮市の映画の歴史をテーマにした映画が製作されたが、本宮映画劇場のことは、いっさい触れられていない。なぜ本宮映画劇場が出てこないのか不思議がってくれた人もいた。

映画『こころの山脈』は本宮方式映画教室製作の会によって作られた。

本宮映画劇場は、お母ちゃん方から「田村はログな映画やんねぇ」「悪い映画は上映しねでほしい」と散々いわれ、その後もいわれ続けていく。

家業の悪口をいわれたら、ふつうイヤですよね？　というわけで、うちの劇場を悪くいった人たちが作った映画！　いつのまにかわたしは勝手に反発し、この映画を観ることを避けてきた。いや「一生観ない映画」と決めていたりもした。

それから数年が過ぎ、奇しくも、アルバイトしている都内の名画座で『こころの山脈』が上映されることに。

これも因縁かな……と、ついに観ることを決心した。大袈裟かもしれないが、わたしにとっては「決心」だった。

「今度『こころの山脈』、ついに観るよ」

と告げると、

「吉村公三郎だし、いい映画だよ。ちょっと長いけど」

とあっさりした返事が。そうか、父はちゃんと観ていたのだ。

わたしが思うほど、父は本宮方式映画教室のことを気にかけていないようす。それよりも映画を差別区別することなく、ニュートラルに観ていたのかも。

さて、『こころの山脈』を観たわたし。

昔の本宮町の景色、駅、堤防、小学校、校庭……懐かしい場所がたくさん出てくる。

ストーリーは本宮小学校を舞台に、出産休暇に入る先生の代わりに、教員を引退し主婦をしていた主人公が、短い期間だがクラスを担任し悪戦苦闘する。複雑な家庭事情から荒れる児童との心の触れ合いや悩みが描かれる。現在にも通じるテーマともいえる。

「産休補助教諭」の主人公が職場会への出席を断られる場面など、臨時採用ゆえの職場での疎外感が一瞬だがしっかり伝わってくる。脚本の千葉茂樹さんが綿密に取材されたのだろう。ちなみに千葉さんは福島市の出身で父の上映会にもいちどきてくれて、とても喜んでくれていた。

主役の山岡久乃演じる産休補助教諭の役柄と、わたしがほぼ同世代ということもあり、女性の気持もよく伝わってくる。母親たちががんばって製作された映画だけあって、真面目な母親、女性目線の映画であるような印象をうけた。吉村公三郎監督は女性映画で知られる。

主人公の夫は宇野重吉。産休に入る先生に吉行和子、校長先生の殿山泰司、家出する母親役の奈良岡朋子など、錚々たるメンバーが本宮へ来ていたんだなとあらためて感心する。なんとなく映画教室気分。当時この映画を観た小学生たちは何を思ったんだろう……。わたしは父と同様「いい映画だな」というのが素直な感想。

でもちょっと肩がこったから、その晩もう一本ゆるい映画を観て帰った。

太陽族映画やピンク映画が作られ始めた当時はとてもショッキングであったろう……。お色気映画や性表現をどう評価するかは今も昔もなかなか難しい。

芸術とは？　ワイセツとは？　ワイセツの何が悪いのか？

ワイセツ映画として摘発された武智鉄二監督『黒い雪』裁判、日活ロマンポルノ裁判など映画史にもいろいろな事件が残る。父は『黒い雪』は必ずヒットすると考え、準備万端そろえたが――、その素材は今も保管している。

ピンク映画も娯楽映画の一分野として存在する。もちろん観たくない人もいるだろう。そういう人たちへの配慮など、ある程度のマナーを保てば、スクリーンのなかだけでも、不良になれない自分が不良になることを夢見ることが悪いことだろうか、人の裸に興味を持つことが悪いことだろうか。わたしはそうは思わない。

お母ちゃんたちが本宮方式映画教室に熱心に取り組んでいるとき、ほっかむりで顔を隠したお父ちゃんたちが本宮映画劇場にストリップやお色気映画を観にきていたそうだ。そんなお父ちゃんたちを微笑ましく思ってしまう。

父がとっておいたチラシのなかに中央館のチラシが数枚ある。番組をみると、中央館は小林旭主演の日活映画など上映している。とくに教育的な映画を上映しているわけではない。

本宮方式映画教室当時、中央館はふつうの映画も上映してたの？

「そりゃそうだばい。まあ、ピンク映画はやんないってだけの話よ。映画教室は学校の映画教室なんだから」

日活の不良っぽい映画もやることは？

「それはあんた、みんなそこは見てみぬふりだばい。映画教室やってるってだけで、ふだんは普通の映画館なんだ。通常の興行に映画教室の収入があるわけだから、何を買ったとか、何にお金を使ったとか、いろいろ派手な話が自然と耳に入ってくんのよ」

昭和三一（一九五六）年の第一回の映画教室では、二三〇〇人が観たという記録（『アッパの眼　本宮映画教室の十年』）がある。一人あたり一〇円。当時の劇場にとって大きな数字にちがいない。

本宮方式映画教室は、担当していた先生が転勤でいなくなると、すたれていったようだ。「担当の先生を連れて、東京の映画会社に映画選びに行ってた。担当の先生は長くいたんだ。あんた、その先生転勤したら、映画教室終わりだぞい。そんなもんだぞい」

……ふむふむ。父の話は、直接本人から聞いてないところもあり、今となっては事実を確かめようもないが、残された正式な記録からはこぼれ落ちたいろいろなことがあったのであろう。

著名な映画人も寄稿する『育ちゆくものの記録』と題された活動報告も刊行されている。そこからは関係者の熱意が伝わってくる。担当の先生たちは映画教室に情熱を持っていたと思う。が、それゆえにリアルな映画興行や映画製作の面白さに引き込まれることはなかったのだろうか？　映画にはそんな魔力も潜んでいそう。

「キネマ旬報」昭和四一（一九六六）年三月下旬号は『「こころの山脈」はなぜ入らなかったか？』という特集を組んでいる。それだけ注目されていた証拠だが、本宮方式映画教室は一〇年を経過していた。

その一〇年間で、社会も映画も人の意識も激変した。太陽族映画の悪影響が懸念されたハイティーンの若者に限っても、高校進学率は昭和三一（一九五六）年は五一・三％だったのが、七二・三パーセントまで急増している。就労先も第一次産業から第二次、三次産業へと大きく変動している。

太陽族映画への反発をもとにした本宮方式映画教室が時代の変化のなかで、その役割を終えていたとしても不思議はない。

本宮方式映画教室は、わたしの時代にはすでに終わっていた。中央館では松田聖子の映画を観た記憶がある。

小学四年生になると、母が郡山の病院に通うのについて行き、ひとりで映画を観て待ったりするうちに、電車に乗って郡山の映画館に行くことをおぼえてしまう。

中央館は田舎の映画館がどんどん消えていくなかで営業を続けていたが、昭和が終わった翌年に閉館、今は建物も壊され駐車場になってしまった。

中央館閉館の新聞記事を父は切り抜いてとってある。その新聞記事を見せてくれた父の思い、わたしなりに深く感じるものがある。

気持をうまく言葉にできないけれど、本宮方式映画教室の町には、大衆娯楽専門のもう一つの映画館、本宮映画劇場があったことを知ってもらえたら本望。その両方を含めて本宮の映画史なのかもしれない。

父もわたしも、本宮映画劇場で悪い映画を上映していたなんて、サラサラ思ってない。父は映画館経営者として、やれることをやってきた。劇場の今の姿がすべてを物語っているんじゃないかな。「映画は娯楽」昔も今もそれが本宮映画劇場なんだと思う。

本宮映画劇場休館す

昭和三八（一九六三）年八月、泣く泣く映画館を閉じた。

父は自動車会社のセールスマンになった。本当は映画館を閉じたくなかった。それまでにも従業員を解雇せざるを得なかったことが辛かったという。

お世話になっていた映画館経営者から、葬儀屋などいろんな職業を紹介され、結局自動車のセールスマンになった。新人の父がクルマを売ることは大変だった。

祖父が亡くなり、二〇歳から映画館の社長として過ごしていた日々から、お勤めへの転身はさぞかしイヤだったことだろう。

映画会社には閉館したことは知らせずにいた。閉館したことになっていないので、映画ポスター、プレス、資料がそれまで通り届く。それらが、今なお封筒に入ったまま保存されている。閉館を伝えたのは、未払い金のあった松竹だけのようだ。

じつは本宮映画劇場は常設館でこそなくなったが、週末や盆と正月休みなど短期間の不定期上映を行なっていた。一九六六（昭和四一）年版映画館名簿からは本宮映画劇場の記載は消えているが、その後も活動は続けていた。

サラリーマンをしながらも、こっそり田舎の配給師として、フィルムを借りては地方の映画館に又貸しする活動もしていた。ポスターや宣材が映画会社から届くことは励みにもなったと思う。「俺は映画をやめていない」という意識を持てたのではないか。

そのような活動をしている間に、映画館関係者が移動映写用のクルマやオーナーの自家用車などを父から買ってくれるようになった。自動車のセールスマンとしても映画館に関わるというありがたい展開となった。そして一〇年後には、劇場の株を買い取り、ついに自分だけの持ち物とすることができた。

わたしが小学生のころには、盆と正月だけピンク映画を上映していた。夏休みや冬休みになると、ある日突然、ピンク映画のポスターを町中にあちこち貼り出す父。

早朝、クルマの屋根に立て看板をのせて走って行く姿をなんとなく憶えている。

閉館直前には経営が苦しくクルマも手放していた。自転車屋さんに勧められて購入したスーパーカブに乗って、片手に看板を持ち、片手運転でポスター貼りをしていたこともあった。当時はもちろんノーヘルで、かなり危険だが、若いからできたのだろう。

ベニヤに針金を通して、その上にベタっとポスターを貼ったものを用意する。ベニヤ板を切って、ポスターを貼るのも手間のかかる作業である。ポスターを二枚貼った立て看板もつくるが、こちらは立てかけられるように木材で枠組みをする。そうして出来上がったものを、誰もいない早朝や夜、電柱にぐりぐりと巻きつけてくる。

ネットも情報誌もない時代、ポスターとチラシだけが劇場の情報源。ポスター貼りはとても重要だったのだ。反対に映画館が情報発信源となっていた時期もあった。劇場内のそこかしこに地元商店の広告が残っているし、緞帳に刺しゅうされた商店名や商品名。今もそれは当時のまま。さらに、スライドでの広告上映もあったというから驚くしかない。父、思い出のスーパーカブ。数年前劇場から発掘して、また乗れるようにあれこれがんばってみたのだが、結局あきらめて作業場の片隅に置いてある。

新東宝とピンク映画

本宮映画劇場が休館した昭和三八（一九六三）年は、ちょうど、福島県内の民放テレビ第一号の福島テレビ放送開始の年でもある。

昭和三六（一九六一）年には長らく契約してきた新東宝が多額の負債をかかえて倒産する。本宮映画劇場にとっても影響は小さくなかった。

当時、評判の良かった中川信夫監督の『東海道四谷怪談』の再上映を申し込んだところ、『「東海道四谷怪談」他の旧新東宝のプリントは全部使用不能にて廃棄処分致しましたので、配給出来ませんので悪しからず御許し下さい。』

と上映が不可能であることを知らせる手紙が残されている。

新東宝出身の小林悟監督『肉体の市場』が封切られるのが昭和三七（一九六二）年二月である。この作品は中小プロダクションが当時としては低予算の三〇〇万円で製作する成人映画、いわゆるピンク映画の始まりだといわれる。

『肉体の市場』の配給は大蔵映画。新東宝社長だった大蔵貢の会社。製作の協立映画も大蔵映画の系列。新東宝の残党がピンク映画を開発したといえそう。同年には大蔵映画と台湾の東方影業の合作『沖縄怪談逆釣り幽霊　支那怪談死棺破り』などを含め、ピンク映画らしきものはせいぜい一〇本程度だった。それが昭和四〇（一九六五）年には二二五本にまで急増している。

本宮映画劇場休館後はピンク映画がどんどん作られ、当劇場でも、週末や盆と正月休みには、それだけではないがピンク映画を上映することが続く。動物映画を得意としてきた関孝二監督の女ターザンもの『情欲の谷間』や『肉体の市場』を上映したことは契約書が残されているのではっきりしている。なぜか『肉体の市場』の契約書は『肉体市場』と「の」が抜けているが改題・再編集版か何かだったのだろうか、それともこちらが正式な題名だったのだろうか……。

かつての映画業界は人間同士の付き合いが深く、当劇場の場合も祖父の時代に来ていた東宝の営業マンが宝映に移ったため宝映との付き合いが生まれ、新東宝がつぶれ、その人たちがピンク映画をつくったことから、ピンク映画各社との付き合いが生まれている。

現在、愛知県春日井市にあるピンク映画上映館の春日井ユニオン劇場を訪れた際にも、木戸を守っていた女性のお父様が新東宝の営業マンだったことからピンク映画を上映するようになったとお聞きした。そうした営業マンたちも映画の歴史を作っていたことにあらためて気づかされた。

ピンク映画以前

「宝映」この会社を知っている人に会ったことがない。

父と話していると「宝映はね〜」と、よく出てくる映画会社である。調べると、昭和二九（一九五四）年ころにできた、小さな会社である。父の記憶では東宝を退職した数人が集まって作った会社だそうだ。

まだピンク映画という言葉もないころ、ストリップや踊りをおさめた二〇分、三〇分の短篇映画を配給していた。

映倫が成人映画の指定を開始したのは昭和三〇（一九五五）年のこと。その二年後あたりからショウ映画が作られはじめ、昭和三五（一九六〇）年、昭和三六（一九六一）年にはピンク映画では老舗の国映などによって、結構な数が作られたようだ。

さらに前史といえるかどうかわからないが、昭和二〇年代、GHQ占領下に「お産映画」が公開され物議をかもした話が『映画館ものがたり』という本にでてくるが、これなどは医学映画を一般公開したのだろう。

ピンク映画が登場する前から短篇のお色気映画とでもいうかストリップショウ映画などがあったということはもっと知られていい。

フィルムを借りるのも高くないし、このお色気短篇映画を一本つけるだけで、グッと集客数があがるものだから、父は宝映からよく借りて上映していた。当時のチラシからもそ

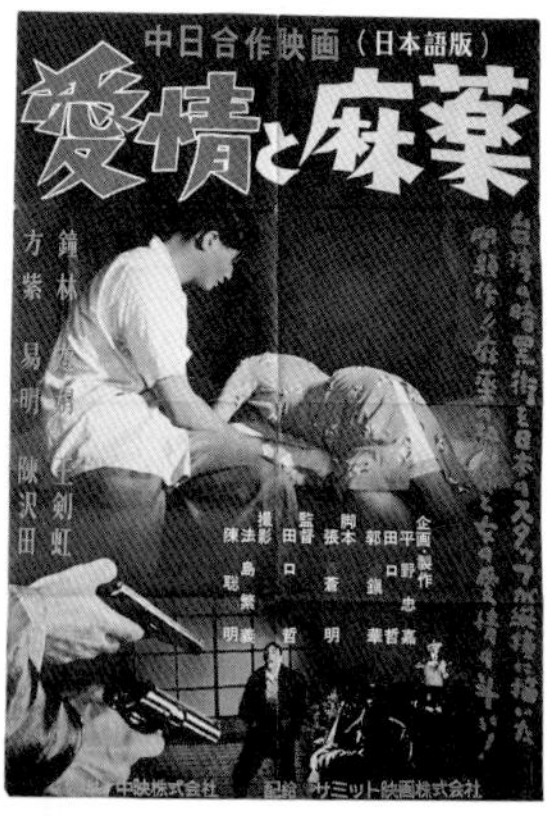

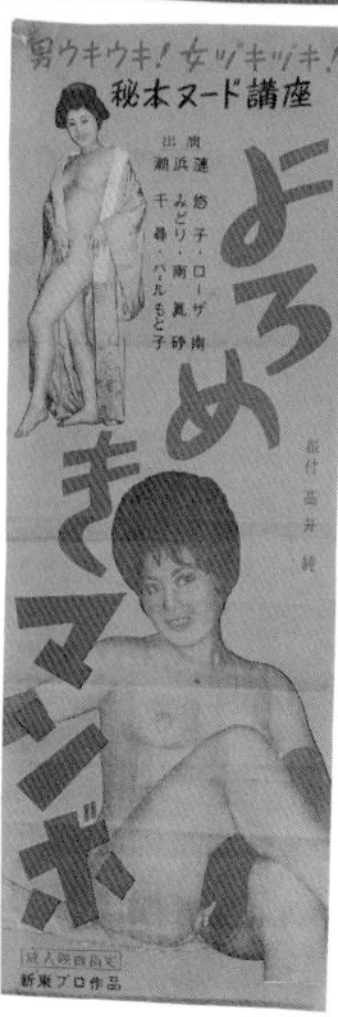

ショウ映画や『日露戦争と乃木将軍』など宝映のスピードポスターやピンク映画のポスター

『白中夢』は武智鉄二監督『白日夢』のことだが、父の推測だと権利関係などでわざと表記をごまかしたインチキポスターではないかという。『日本裸女絵巻』はポスターが地味だったので父がほかのポスターと切り貼りして作った。『スペシャル』は谷ナオミのデビュー作。「ポスターが地味だったから」、女性二人のヌードをコラージュしてある

日本裸女絵巻
素肌に濡れる恍惚の歓び！
甘いぬくもりに悶える女の幸福!!
オールカラー

オールカラー
パンティ大作戦
白……ピンク……ブルー………
《成人映画》
六邦映画／提供／配給

パートカラー
スペシャル
また出た!! 媚薬シリーズの爆笑とピンクの渦！
《成人映画》
国映株式会社

全裸で勝負する！
原作／谷崎潤一郎
路加奈子
白中夢
獣性の歓喜にのたうつ白い女体！

総天然色
ハリウッド千一夜
女の寝室に悩ましい体臭の漂う裸体の律動！
SIDE STREETS OF HOLLYWOOD

れがうかがえる。

そして、父はこの短篇映画をとても気に入っていた。

「た〜だ踊りなの。音楽なんかもすごくいーんだ。ストリップをただ撮ってるだけとかなんだけど」

都築響一さんが名付けてくれた館主編集映画「ピンク映画いい場面コレクション」のオープニングをかざる『よろめきマンボ』もじつは宝映配給の作品である。

「うちだけじゃなくて、当時は三本立ての一本にこのお色気映画よくつけてたんだ。客も入るし、時間も短いからちょうどいいの」

少しそのフィルムが残っているが、小さい配給会社のフィルムは質が悪くてペラペラなのだ。

父はほぼ最後の番線のぼろぼろになって届くフィルムを上映していたので、悪い状態のフィルムを上映するのはお手のものだ。

父でなければ上映できないフィルム状態ともいえるので、いつの日かテレシネできたらなぁ……。

六邦映画

ある日のこと。スポーツ新聞を見ていると、六邦(ろっぽう)映画の紹介記事がでていた。

「ふーん、六邦映画か、谷ナオミもでてるし、おもしろそうだな」

と、さっそく連絡先を調べフィルムを借りたいと手紙を書いたのが、六邦映画とのお付き合いの始まりだった。ピンク映画は老舗の国映からしばしばフィルムを借りていた。六邦映画は昭和四〇（一九六五）年から存在した映画会社。谷ナオミの六邦映画出演作品は二〇本を超える。

貸出代もそんなに高くなくフィルムを借りるようになった。サラリーマンとなって収入も確保し前払いで金払いが良い父を六邦映画の鈴木邦夫社長は気にいったようだ。

昭和四六（一九七一）年から日活がロマンポルノを始めた影響で、客を取られて経営が苦しくなったのだろう。鈴木社長からフィルムを買わないかと手紙がきた。

カラー作品は売らないけど白黒作品だけといわれたが、父は買うことにした。初期のピンク映画は白黒作品が多く、裸のいい場面になると突然カラーになるパートカラーも多かった。

さらに数年後、カラー作品も買わないかと社長直々に連絡がくる。

父は東京の六邦映画の事務所へ向かう。事務所へ着くと「田村くん」と声をかけられた。昭映フイルムという洋画の配給会社の営業マンでお世話になった金山さんだった。

金山さんは父が知るかぎり、昭映フイルム→東京興映→六邦映画と、映画会社の渡り鳥だった。父のなかで思い出深い営業マンのひとり。

「東京で会ったときは本当にびっくりした〜〜。金山さん生きてたら一〇〇歳くらいだなー。金山さんからの年賀状、残ってっぽい」

父は社長と商談の上、たくさんの六邦映画作品を買い取った。じつはこのやり取りで家を空けている間に、わたしが生まれたのだが、父は三日間それを知らずにいた。

鈴木社長が最後まで手放したくなかったカラー作品やポスター、スチール写真などが本宮にやってきた。

こうして、六邦映画は幕を閉じたが、六邦映画は本宮映画劇場のなかでひっそり生きている。

六邦映画のポスターは独自の雰囲気が漂い、とても好きである。なかでも『パンティ大作戦』のポスターは、映画ポスター・マイベスト五に間違いなく入るデザインだ。谷ナオミさんも、日活ロマンポルノでのＳＭの女王とは違って、かわいらしい雰囲気だ。

わが家は映画館

近所で割烹屋さんを営むマーちゃんこと鹿住(かすみ)政弘さんは、わたしたち三人姉妹よりも劇場をよく知っている。昭和三五（一九六〇）年生まれのマーちゃんは、ご両親が仕事で忙しく子どものころ劇場が遊び場だった。

マーちゃんは劇場で父とよく卓球していた。チラシが残っているが「タムラの卓球場」を一時期経営していた名残りで、劇場に卓球台を置いていた。

マーちゃんが小学校高学年というから、昭和四六、七（一九七一、二）年ころ、近所の商店の成田屋さん主催で、仮面ライダーショーが劇場で開催されたこともあったという。藤岡弘が来るわけではなく、初めから変身している仮面ライダーとショッカーが戦うという内容。それでも劇場は黒山の人だかりで、サイン会もあったそうだ。

実演会場として場所を提供したり、土日祝日、盆と正月は映画を上映し、当劇場は完全閉館ではなかったことをマーちゃんは証言してくれる。

「小学校三、四年ぐらいかな。修ちゃん（父のこと）に頼まっちぇ、開演ブザーのスイッチを押すの手伝ったり、夏休みはラムネとかひゃっこい物を売る手伝いしたりして。俺、初めて人に物売る仕事をしたのが劇場だわ。四谷怪談やおばけ映画、赤胴鈴之助も観た。女子プロレスもきたんだげど、いっしょにやったコビトプロレスは衝撃だった」

おばけ映画は小野町の第一劇場から借りたフィルムを使った。マーちゃんが小学校高学年くらいから、ピンク映画の上映が増えてきた。それでも、いつものように劇場に通い続けていた。

「修ちゃんに『マーちゃん、見んなよ』なんていわれたりしたけど、もちろん見っぱい。小学生だったし、ドキドキしたぞい。まあ当時は過激じゃねーけど」

わたしの記憶にある昭和五〇年代でも、ピンク映画のポスターが近所に貼られると、なかなかインパクトがあった。

幼いころから不思議とピンク映画に抵抗がなく「わー、オッパイだー」ニヤニヤという調子。ピンクでもわたしには「映画」にかかわりはなかった。

いざ上映の日々が始まると、木戸には編み物をする母がすわっていた。休みで暇なわたしは、両親のまわりをうろちょろし、劇場で一日中遊んでいた。とても幸せな時間だったと今になって気づく。

母が記した当時のノートがある。

「夏休み劇場アルバイト料　百合子1000　真理550　葉子1200　由希子400　優子500　3650　支払う（8月18日）」

とわたしたち姉妹と従姉妹の名前と数字が並ぶ。

「パパが映写中は子どもでもいてくれるだけで助かるのよ」といわれたこと、夏休みに怪談映画を上映していたことを姉は記憶している。残念ながらわたしにはこのときの記憶がない。メモは最初に一〇〇円低い額が書かれてあって、それをアップしたことがわかる。このときの興行は予想よりも上回った結果だったのか、母の思いだったのか……。

すでに映画産業も衰退の道をたどって久しく、上映してもそんなにたくさんお客さんがくるわけでもなかったけれど、多いときは一日三〇人くらいは入っていた。

禁煙のプレートはあるものの場内での喫煙は当たり前のことで、床が灰皿状態。

「煙草買ってきて」と、裏のタバコ屋さんにおつかいに行ったりもした。

また、冬休みになると、劇場にあるダルマストーブで、父がお餅を焼いてくれて、それを食べるのがものすごく楽しみだった。映写室の小窓から抱っこしてもらい映画を見たり、動く映写機を見るのが楽しかったこと……。

「わたしと劇場とどっちが大事なの」といっていた母・富久子が、昭和六一（一九八六）年、四三歳で亡くなった。父は映画興行から遠ざかっていく。

新婚時代の父と母

長女の百合子。お祭りの日に営業している劇場の前で

父とわたしたち三姉妹。右が百合子、左が次女の葉子

アイスキャンデー屋時代の家の前で
幼い父と祖母

劇場への入り口で幼いころの叔母たち
父が撮影した

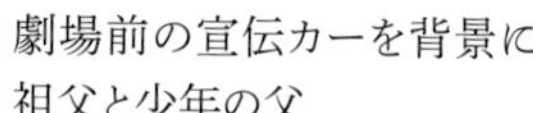

劇場前の宣伝カーを背景に
祖父と少年の父

劇場の入り口前で昔と今

第三部

本宮映画劇場の逆襲

本宮映画劇場西へ　カナザワ映画祭のこと

二〇一二（平成二四）年八月、webちくま上に都築響一『独居老人スタイル』「第6回　手伝ってくれるひとなんて、だれもいないんだよ。　田村修司」がアップされた。

今まで地元新聞などで、福島版ニュー・シネマパラダイスのような、ちょっといいおじさんとして紹介されていたけれど、都築さんのその記事は、わたしが思っていた以上に素晴らしく、とても感動した。父も喜んでいた。都築さんから、すごい反響だよと連絡をいただいた。当時SNSとは無縁だったので、嬉しかったがピンとはこなかった。

数日後に、カナザワ映画祭主催の小野寺生哉さんから電話がくる。記事で紹介された「ピンク映画いい場面コレクション」を九月開催のカナザワ映画祭でフィルム上映したいと。父の編集フィルムが映画祭に選ばれた、これには父とわたしはビックリ仰天。フィルムを誰かに貸し出すことなど絶対しない父が承諾した。そのことは、わたしをとても驚かせた。

父も嬉しかったのだろう、さっそくカナザワ映画祭のために編集作業を始めた。

カナザワ映画祭は、ほかの映画祭とはひと味もふた味も違う映画祭なので、カナザワ映画祭ファンの方にどう思われるか正直不安もあった。とくにシネフィルと呼ばれる方からしたら、フィルムを刻んでつなげているだとー！　と、怒りの声が聞こえてきそうだ。実際、これまでにそういうことをいってくる方もいて、悲しくなったりもした。世間に知られることで嬉しさと悲しさが襲ってきたのも事実だった。

そんな弱音を都築さんに伝えたら、

「お父さんにしか出来ないことをやってるんだし、実際、他人にどう思われるかなんてお父さんは思ってないでしょ？　他人の目は気にしなくていいんだよ」

と励ましていただき、気が楽になった。


北陸新幹線がまだ金沢まで開通する前で、本宮から金沢までは、なかなかの旅路である。五時間くらいかかな。父が県外へ旅行なんて、二〇年ぶりではないだろうか。

ピンク映画いい場面コレクションは絶対観たいし、金沢駅で待ち伏せた。父からは、お金もったいないし、こなくていいよといわれていたのだ。嫌がられたらどうしようとかドキドキ。改札で声をかけると「なんだい、あんた来たのかい」と笑ってくれたので、ホッ。

会場は今はなき、金沢ロキシー劇場。金沢駅の真ん前にあり、ホテルの地下にある元映画館。客席数は三〇〇ほどあっただろうか。閉館したばかりで、椅子もスクリーンも綺麗だし、ステージもある。こんな立派な映画館が閉館するなんて、まったくもったいないなぁと父は何度も口にする。

映写技師が、本宮に何度か足を運んでくれていた永吉洋介さんだったことも、父とわたしを安心させた。父は本宮から、フィルムを四缶運んできた。永吉さんに渡して、プリントチェックをしてもらう。主催者、映写技師、父にとって、フィルムが上映中に切れてしまうことが何よりも心配だからだ。
今回、いい場面コレクションは四巻。
一巻目は内田高子いい場面集
二巻目は踊りいい場面集
三巻目はお風呂いい場面集
四巻目が谷ナオミいい場面集
フィルムは切れることなく上映を終えた。
とくに四巻目は本当に最高で、谷ナオミさんにゾクゾクきたのを覚えている。日活ロマンポルノで緊縛もので知られるより前の谷ナオミさんを観ることは本当に貴重な機会だった。内田高子さんはピンク映画初期に大活躍され、今も根強い人気がある
お風呂、踊り、音楽……ここいらへんが、父の編集上の大きなテーマにもなっている。
「ピンク映画は案外残酷だから。女の人をいじめたり、かわいそうで……。そういうのよりは、やっぱりお風呂とか踊りのシーンとか、観ていて楽しいやつのほういいばい。どんなにつまんない映画でも、必ず一か所はいいシーンあんだ。そこを拾って生かしてやるのよ」
初めて父の編集フィルムを観た人は、びっくりしたことだろう。とにかく内容なんかなくて、父がいいなぁと思った箇所を父だけの感性でつないでいるのだから。この摩訶不思議な編集内容は、宇宙のようで、うまく説明できないけれど、わたしはとても好きだ。他

人に何を言われようと、お構いなしの父。マイペース、マイワールド全開だった。映画評論家の柳下毅一郎さんもそこをおもしろがってくれている。

そして父のトークショー。持参したポスターを掲げて、ピンク映画初期事情や自分の映画論をじつに生き生きと楽しそうに語っていた。

劇場閉館後、いつの日か再開するときには、このピンク映画編集フィルムを上映しようとコツコツ編集しつづけていた。でも、再開なんてほど遠い時代となり眠っていたフィルムがこうして大勢のお客様を前に上映された。そして、ピンク映画を大いに語っていいのだ。よかったね、報われてよかったねえ、と心から思った。

主催者の小野寺さんの熱のこもった姿はとても頼もしかったし、カナザワ映画祭の裏番長のヂョーさんは、舞台裏で父の話し相手になってくれて、父の話をふくらませ盛り上げてくれた。東京からは、映写技師の神田麻美さんが父に会うため来てくれた。これを機に神田さんと仲良くなり、たくさんお世話になっている。

このカナザワ映画祭でとくに嬉しかったのは、東映で鈴木則文監督や中島貞夫監督作品に出演していたクリスチーナ・リンドバーグ様が、映画祭のために四〇年ぶりに来日、ゲストでいらしていて、一緒に写真撮影していただいたこと。まさかまさかで、父もいい笑顔。小野寺さんの妹の央子さんが、トークショーなどを動画撮影してくれたＤＶＤは宝物である。たくさんの出会い、お客様の拍手……。

思い出すと記念すべきいい日だったなぁ。こうして、本宮映画劇場の約四〇年以上眠っていたピンク映画フィルムがご開帳されたのであった。

さらに二〇一六（平成二八）年のカナザワ映画祭では、当劇場所蔵の六邦映画『好色日本性豪夜話』全篇の上映とヂョーさんと父のトークショー、二〇一七（平成二九）年の京都みなみ会館でのカナザワ映画祭では久我剛監督、谷ナオミ主演の六邦映画『性の完全犯罪』の全篇上映と石動三六さんと父のトークショーが行なわれた。

そうしたことを追い風に、二〇一九年には東京の十条で、同じく久我剛監督、谷ナオミ主演の六邦映画『パンティ大作戦』の上映をすることができた。わたしの好きな艶笑コメディふうの内容だ。

このときの映写技師は神田さんで、劣化したフィルの補修に一六時間も費やしてくれた。映画のフィルムは一秒に二四コマ、一コマの両端にパーフォレーションと呼ばれる送り穴が四つずつあり、その一つ一つをテープで補強するという気の遠くなる作業をしてくれた。

いつの日か六邦映画特集上映を実現したいと思っている。

クリスチーナ・リンドバーグ様と

フィルム救出大作戦　本宮水害

二〇一九（令和元）年一〇月一二日。最大級といわれた台風一九号により東京の電車は止まり、いつもとは違う一日になっていた。夕方、本宮は大丈夫だろうとは思いながら父に電話してみる。

「本宮は大丈夫だ。それより千葉の人はかわいそうだ」

と落ち着いたようす。あんなに大騒ぎだった東京も被害は少なく眠りにつく。

翌朝六時過ぎ。東京に住む叔父からの電話で起こされる。

「ゆうこ、本宮が大変だ。あんちゃん大丈夫か？　電話つながらないぞ」

急いで父の携帯に電話をかける。つながった。

「あんた大変だ。俺の部屋に夜中二時過ぎに水がきて、ふとん持って二階に逃げたんだ。寝る前は、川の水、堤防の半分くらいだったから大丈夫だと思って寝たんだけど、なんだか目が覚めて、電気消えたから何だべ？　って思ったら水がすーって入ってきたんだ。今は水ひいてきた。家ん中泥泥だ」

「劇場は？」

「まだ、わかんない」

「あぶなかったら行かないで。落ち着いてから行って。電気は？」

「たぶん停電してる」

「わかった。携帯の充電なくなるとイヤだから切るね、携帯は持っててね。がんばって」

そんな会話をしたと思う。親戚や姉二人に父の無事を伝える。心が落ち着かないままテレビやネットで情報を拾う。

テレビには見たことのない本宮市の景色が映し出されていた。

一〇月二七日に劇場でコンサートを予定している演者の二人が、すぐに東京から本宮へむかってくれた。わたしはタイミング悪く帯状疱疹にかかっていて、すぐ飛んで行くことができない。

地元の幼なじみや演者二人から送られてきた画像は、ショッキングな泥の世界だった。劇場一〇五年の歴史でおそらく初めての水害となる。

劇場は浸水した水位が、比較的低かったようだ。映写室は一段高い作りなのが幸し、水は上がらず映写機は無事だった。それだけはわたしを安心させた。

ライブ予定の演者の一人カトリーヌは本宮市出身。カトリーヌのお母さん、もう一人の演者のトライくんも劇場の泥をその日かき出してくれた。自宅のほうは、ご近所さんが手伝ってくれた。

それから、劇場を通じて知り合った仲間たちが、東京や県内から三〇人以上もかけつけて助けてくれた。多くの方から支援物資もいただいた。

翌日、心落ち着かないまま、いつもの名画座のアルバイトへ。夕方父から電話が入る、仕事中だったが、あわてて電話に出る。

「今日夜一〇時からテレビの生放送出るから」

いつも通りの明るい父に、拍子抜け。

ＡｂｅｍａＴＶというから、仕事中だけどネットで見られるではないか。急いでレジ閉めや掃除を済ませ、放送を待つ。番組が始まる。

劇場のようすがよくわかる……涙。

後日、体調を整えようやく帰省。ちょうど父はローカルテレビの生放送に出演していて、元気いっぱいの姿に安堵する。

でも、つらい現実が目の前にあった。劇場は、思っていたより被害が少ないことを確認。自宅の父の作業場がひどく、浸水した水位が高かったようで、フィルムが水没……。

どうしよう……どうしよう……どうしたらいいかわからないけど、まずは生活できるようにしなくちゃ。フィルムのことはその後で考えよう。そう思っていたら、フィルムのプロの友だちから連絡がきて、応急処置の指示をしてもらう。かけつけてくれた友だちも手伝ってくれる。

数えたことはなかったが、父が所有するフィルムはどうやら四〇〇缶近くある。今回、その半分が水没した。父のフィルムは謎が多い。父だけが知る秘密の宝物。チェックしながら、気になるタイトルが多数ある。いやいや今はそんな時間はない。とにかく一缶でも多くどうにかしなくては……。

父はいつでも上映できるよう積極的にフィルムチェックをつづけていたため、低い位置にフィルムを置いていた。そこに今回、まさかの水害だった。

本宮市は阿武隈川が中心部を流れている。小さいころに近所のおばあちゃんから「舟で嫁入りした」と聞かされたくらい身近なものだが、何十年かに一度は水害がおきていて、わたしも三〇年前に経験している。そのときはうちに被害はなく、ずっと大丈夫であろうと根拠のない自信をもっていた。しかし、川向こうに堤防ができたり、新しい堤防が工事の途中だったりと状況は変化していたのだ。

「今回は水の量、速さがすごかった」とみんなが口にする。本宮市では七人が亡くなった。

劇場の被害が少ないのが救いであるが一番の被害はフィルムである。しかし、まだその被害の全容はつかめない……。

一〇月二二日、水害から一〇日が経ち、フィルムの状況を確認したいと東京から、友人でフィルム技術者である郷田真理子さんと大橋さと子さんがやってきた。わたしはすでに泥だらけに慣れ始めていたけど、二人は想像以上の被害に言葉も出ないようだった。

二人は日帰りなので時間がない。すぐに状況確認に入る。

フィルム缶を開けると、泥水が入っていたり、缶の錆が進行していたり、ふわふわの白カビが生えだしていたり……。

何缶あるか、そして、一缶ごとどういう状況かをメモしていく。いつもはほんわかした二人の美女がキリリと表情を変え、プロの目となる。黙々と作業を進めながら、

「あー」

「ひどい……」

「あああ……」

うめくような声が聞こえてくる。

この一〇日間は、生活優先でフィルムにまでほとんど手がまわらなかったからな……うぅう。

お昼を食べない勢いの二人に無理矢理休んでもらう。水害をギリギリ逃れた近所の村山パン店だけは営業しているので名物コッペパンとご当地ドリンク酪王のカフェオレでお昼を摂ってもらう。村パンさん、被災しなくて本当によかった。

父もわたしも自分たちのために働いてもらうことが、本当に申し訳なくて。助けてもらうという感覚に慣れていないから、へんに気をつかってしまうというかなんというか。今回ばかりは素直に助けていただこう、と決めても簡単に気持はそうはならない。

「せっかく来たんだから、温泉連れてきたなー」と、どんなときもマイペースな父。

「そうしたいけど、今日のところは二人にまかせなくちゃ」

二人は、フィルムがどのくらい溶けているか状態をランクづけし、分別していく。さらにそれを全部表に書いていく。なるほど、そういうふうにしていけば良いのか。時間がないなか、フィルムを水洗するとどうなるかを試したり、指導してもらったり。

水害にあったフィルムへの正しい対処法はプロでも意見が分かれるとのこと。もともとのフィルムの状態も関係してくる。一つ一つ状態が違っていて、まさにフィルムは生き物だった！

フィルムはただでさえ重いのに、水を含んでさらに重い気がする。一缶（約三、四キロ）を微妙な体勢でもちあげたり運んだり、それが二〇〇缶もあるので、肉体的にかなりつらい。フィルム缶をあけて、敷いてあったびちょびちょの新聞紙を捨てて、フィルムをよっと持ち上げて拭いたりかるく洗ったり……。フィルムの持ち方も重要でしっかり立てて持たないとバラバラほどけて大変なことになる。

泥も錆もしつこくて、洗うのに時間がかかる。果てしない作業が始まった。

いざフィルム缶をあけると、端っこは画を形成しているエマルジョン（乳剤）が溶け出しているのもある。もともと状態が悪いフィルムや古い白黒フィルムは溶け出しやすい。泥水のままより、水道水で流したり拭いたりしたほうが塩素が含まれているからバクテリアの繁殖をおさえるのではないか？　という意見が出る。泥水のままよりたしかに良さそうと思い、行動開始。

洗い流すと、エマルジョンが溶け出し、フィルムから画がなくなっていくものもあった。フィルムの状態を見ながら、拭いたり、洗ったり……。

もう映せなくても、溶け出すよりはその一コマの画がなんだかわかる状態で残したい。残したい……残したい……残さなきゃ……。あせりながらも、溶けゆくフィルムを見ていると不思議と美しくも感じていた。

一本の作品まるごとは状況的に難しいが、短いフィルムは劇場にロープをはって干すことになった。わたしはホームセンターに物干し用ロープ、洗濯バサミなどを買いに行く。洗濯バサミすら流されてなくなっていた。父がとくに大事にしている短いフィルムを洗って劇場にロープをはって干し水分を取り除く。

「フィルムを洗って」と言葉にすると一瞬だが、作業は一日がかりであった。

フィルムがたくさん干してあるその光景は幻想的で思わず疲れも吹っ飛んだ。

さあ、きれいに乾いてくれるだろうか。

もともと状態の悪いものは、乾くとカールしてしまうものもあった。数日間干して、巻くにしても、巻く作業も一日がかりとなるだろう。

そうこうしているうちに、あたりも暗くなった。どうしてもこれだけは……と時間ギリギリまで作業し、打ち切り。泥にまみれたフィルムは予想より多く二〇〇缶以上あった。

駅まで送る帰りのクルマのなかで郷田さんが、「今日ずっと必死だったけど、フィルムが……こんなひどい状況なんて」と泣いた。

映画フィルムを愛する仲間たち。こんなに心強く、頼れる仲間がいる。人生最大のピンチだけど、劇場を通じて知り合ったみなさんのおかげで父もわたしも元気でいられる。

父は「昔から映画関係者は気が優しい人多いんだ」という。

まだまだつづくフィルム救出大作戦！　フィルムは生き物で、救出のためのはっきりとした答えはない。病気になって、どの治療法がよいか人それぞれというのがわかりやすいたとえだろうか。

その後、日本大学芸術学部映画学科がフィルム水洗機と作業場所を提供してくれると、郷田さんから連絡が入る。

あれこれと考えている暇はない。一日も早く東京にフィルムを全部送らねばならない。そんな矢先、東京から俳優の石川雄也さんとギタリストのベンジャミン及川さんがクルマで本宮に泥掃除手伝いに来てくれることになった。

ベンジャミンさんは、園子温監督と長い付き合いで名画座の常連さんである。石川雄也さんは俳優でゴールデン街でお店を経営、見世物小屋の口上をしたりと日々大活躍。頼もしい助っ人だ。

父に絶対助けたいフィルムを選んでもらう。それらを整理し梱包。フィルムはとにかく重いので、男性二人の力、頼もしいのなんの。クルマいっぱいにフィルムを積み込んだ。車体が沈んで運転するのもとてつもなく重そう。申し訳ないけど、よろしくお願いします！クルマが見えなくなるまで手を振って見送った。

東京に無事着いてフィルムの受け渡し完了の報告をうけひと安心。その夜は、これから新たに始まるプロジェクトを思い、疲れていたけれどなかなか眠れなかった。

後日、マンガ家の東陽片岡先生が描いてくれた当劇場の絵がプリントされたTシャツなどを販売し、皆さんに買っていただいたお金でフィルムの運送費を賄うことができた。

日大芸術学部での作業開始。すべてを郷田さんにお任せ。郷田さんがほんの数日で、映画フィルム業界の重鎮たちを集めてくれた。なかには、過去にイマジカの倉庫が水害にあった際にフィルム水没を経験している方、その経験を共有化しているプロたちがいる。

みなさん平日は仕事なので週末の作業となる。多い日は一日に一〇人集まってくれた。優先したいフィルムは水洗機にどんどんかけていく。いろんな意見が飛び交いながら、いろんな方法を試していく。みんなレインコートを着て全身びちょびちょになりながら、酸っぱくなったフィルムの臭いも強く、くらくらしながらの大変な作業だった。

フィルム洗浄機の部品をパイプで手作りしたり、フィルム現像機を使っての水洗など、思いつくことを試していた。手探りでの作業がつづいていたあたりに、ようやく、わたしは東京へ戻り作業に参加した。

水洗機の開発者の木村栄二さんが、この方法はどうかな？　とある方法を提案してくれた。

水洗機にかけられない劣化しているフィルムもある。機械での乾燥はパリパリになってしまったり、裂けてしまったりする恐れがある。機械にかけるのはあぶないと判断したフィルムを手作業できれいにする方法だった。その判断もプロの目じゃないと分からない。

リワインダーにフィルムをかけ、エタノールを含ませたビロードの布でフィルムをはさみ、ゆっくり回していく。エタノールが確実に消えるのを確認しながら。エタノールが残ると、フィルムがとけてしまうからである。

この作業を二、三回繰り返す。そうすると、かなり汚れが取れる。「うん、これはいい！」とみんなの意見が一致した。水洗機にかけるフィルム、かけないフィルムの選別。作業は一気にスムーズに進み始めた。

何せ父編集の「いい場面コレクション」フィルムはつぎはぎである。つないであるテープを全部はがし、クラフトテープにはりかえる。これだけでも気が遠くなる作業。それでも皆さん、手際よく作業する。

「めんどくさい作業、本当にすみません」というと、

「フィルムに触ってると楽しいから大丈夫です」

なんとありがたいお言葉が返ってくる。

そして、水洗機にかけ終わったフィルムのクラフトテープを何箇所もドライヤーではがして、スプライサーできれいにつなぎなおす。先ほどはがした部分をまたはがすのだ。はっきりいって相当めんどうくさい。この係は毎度かならず一人か二人担当する。リワインダーで手拭きが二人か三人。水洗機に一人。フィルムの整理に一人か二人。わたしも手拭きにチャレンジするが、フィルムは重くて慣れないわたしは一本巻くだけで肩や腕が痛い。プロの皆さんは、黙々と巻き巻き、おしゃべりしながらも巻き巻きする。尊敬の眼差しでジーっと見てしまう。

そんな週末が続き、わたしは二週間に一度は本宮へ帰る。帰省したら、今度は本宮のフ

ィルムを洗って干す。帰るたびに干したフィルムを宅急便で送る。

水洗機を使える方も増え、ますます順調に進んだ。学食で食べたり、毎週会える皆さんとの作業は大変ながらも楽しく幸せな体験だった。

一〇月末から始め、年明け二月頭に作業が終わった。半年から一年はかかるだろうと思っていたのに。

本宮に戻ったフィルムは、今度は父が一つ一つ点検していく。東京での応急処置は終わったので、あとはゆっくりと。

父もあれだけ泥だらけだったフィルムがピカピカになり感激。

「あららー。これはもう本当にすごい……ようし！　これからは俺が時間かけて全部点検してくから」と目をキラキラさせた。

今回何より嬉しかったことは、ピンク映画のフィルムが多数だけれど、手伝ってくれた皆さんはジャンルなんか関係なく「フィルムはフィルムだから」という姿勢でいてくれたこと。日大芸術学部の宮澤誠一先生、石田基貴先生たちも、余計なことには一切ふれずに救いの手を差しのべてくれたこと。

フィルムを愛するプロたちの姿は一生忘れない。

映画は観て楽しむものだけど、観るための裏側の奥深さをより知ることができた。

父のフィルムは、不思議な縁で本宮にやってきて捨てられずに生き延び、今回の水害でも生き延び、なんだかすごく運がいい。コロナ禍前に応急処置が終わったことも奇跡的。

あれから一年、まだ全部は点検できていない。応急処置したフィルムが、その後、どのようになったかの確認もこれからしなければならないことである。

救済されたフィルムの試写会をするはずが、コロナ禍で何もできずにいる。今はフィルム救済チームとの試写会、そして、応援してくれた皆さんのために本宮で上映会を開催する日を夢見ている。

復活の日

父は七〇歳を過ぎたころ、映画館を復活させ営業を再開するのは厳しいだろうと思いはじめる。サラリーマンを辞めたら劇場を再開させる、その一心で働き続けた父だったが、六五歳で会社を退職したときには映画館をめぐる状況は大きく変化していた。

「来年のお正月になったら、電気の線いよいよ切っかなぁ……」

とつぶやくのを聞いたのはクルマのなかだった。

閉館してから四五年、不定期の上映もやらなくなってからでも二〇年、その間、営業していない劇場の電気代をずっと払い続けていた。

電気を切るということは、劇場を完全に終わらせること。閉館から半世紀近く劇場の電気代を払い続けていた父を誇らしく思っていたし、いつの日か復活を願っていた。すでに数年前には水道を止めていた。そのときも悲しかった。劇場の電気を切ることに、わたしは絶対に反対だ。でも、決めるのは父だということも分かっていた。「もう少しがんばろうよ」と応えた。

父は迷っていた。

そんなある日、通院している池田眼科で、「田村さん家（ち）のあそこ、映画館なんだってね。なかを見せてよ」と池田先生から声をかけられる。先生は新潟出身、奥様が本宮出身。先生は、映画が好きでホームシアターを持ち、写真も趣味である。

その数年前のこと、父は網膜剥離の手術を受けていた。手術後、どうも眼が見えないとセカンドオピニオンで本宮市唯一の眼科、池田眼科へ行った。そこで、別の病院で受けた手術の医療ミスが発見される。病気一つしてこなかった父に突然襲いかかった眼の病気。映画を愛し映画を映す父にとって、眼が見えないとは致命的だ。

池田先生はすぐに父に再手術を施す。おかげで眼は回復し、以来、池田先生は父の恩人となった。そして劇場の恩人となることに。

父は電気を切る前に最後の上映会を企画する。池田眼科の先生と看護師さんへの恩返し

無料上映会のお手製チラシ

上映会だ。

「こおりやま情報」誌編集部の友人に声をかけると、それを誌面で紹介してくれた。そのあたりから、まわりが騒がしくなる。「タムラは古いからなんかあったら大変だ」といい出す人も出てくる。まわりからは、なかは埃だらけでオンボロ倉庫みたいと思われていたのだ。掃除もメンテナンスもしているし大丈夫なんですけど……。

噂は広まり、上映会当日。それまでにも地元向けの無料上映会を開いたことはあったのだが、この日は朝から劇場周辺の空気がちがった。池田先生の属するライオンズクラブの皆さんが交通整理、受付、案内など手伝いに集まってくれる。あれよあれよとお客様がやってくる。劇場は満員御礼となった。

いよいよ上映開始。内容は、父が長年あたためていた予告篇集と昭和のスタアいい場面集。予告篇は大きい文字で、俳優名や惹句が画面を飛び交い、簡潔にまとまっているので映画に詳しくない人でも楽しめる。その名場面集が続く。

映写機を操作する父の全身に生気がみなぎる。満員の客席へ行く。思わずスクリーンに引き込まれて立ちつくした。上映終了、拍手が鳴りやまなかった。

ながいながい間、夢見てきた光景がそこにあった。涙がどっと溢れた。

二〇〇八年六月、父とわたしと本宮映画劇場の新しい日々が始まった。

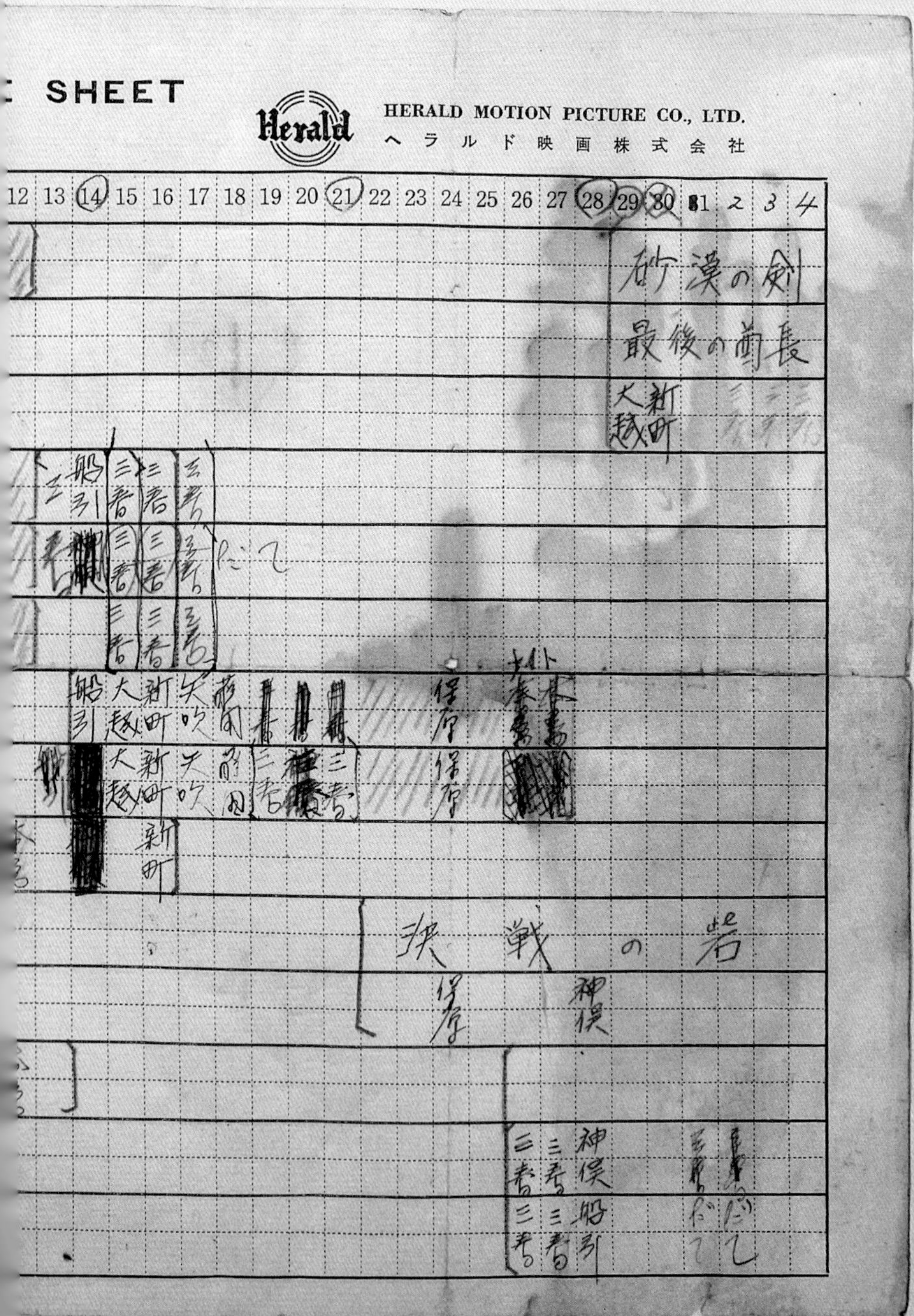

SHEET

Herald HERALD MOTION PICTURE CO., LTD.
ヘラルド映画株式会社

12 13 14 15 16 17 18 19 20 21 22 23 24 25 26 27 28 29 30 31 2 3 4

砂漠の剣

最後の酋長

大越 新町

船引 三巻 三巻 三巻

三巻 三巻 三巻 たて

三巻 三巻 三巻

船引 大越 新町 矢吹 都問 保原 本宮

大越 新町 矢吹 都問 三春 三春 保原

新町

決戦の砦

保原 神俣

三春 三春 神俣 船引 三春 三春 三春 船引 たて たて

RESERVE

4 月

題名 ＼ 日	31	1	2	3	4	5	6	⑦	8	9	10	11
殴り込み牧場	だて	新町	矢吹			大越	大越			保原	川桁	
力道山対ブラシー 世界選手権試合	だて	新町	矢吹			本	P	P 宮		保原	川桁	
オドンゴ	だて	新町	矢吹			本		宮		保原	川桁	
狂熱の果て						大越	大越		フ	新町		
小人のプロレス								P		新町	矢吹	
女体渦巻島						大越	大越		フ	新町		
ピープショー												
断崖の河												
キリマンジャロの決斗										船引	矢吹	本宮
チャムピオンへの道			神俣		川東					船引	矢吹	
死の猛獣狩 カシクンおやじ			神俣		川東		二					
鉄腕の男							三春	三春	三春	船引	本宮	本宮
ハンマーキッド スーパー巨人												

エピローグ

本宮映画劇場の閉館の日については、父はほとんど話してはくれない。わたしも一番聞きにくい質問である。

お客さんがパラパラではやめたくなかった。お客さんをいっぱいにして終わらせたかった。だからお客さんの入るお盆を最終興行に選んだ。そして、お客さんをいっぱいにするには、ふだん五五円のところを二〇円と安くしたこと。なんの映画かは覚えてなくて、新東宝の喜劇三本立てだったということ。思い通り満員御礼で終わりを迎えた……。

何度聞いても、ただそれだけしか答えてはくれない。映画のタイトルを覚えてないというのは、さすがに嘘だと思っていた。でも、今では覚えていないというのは嘘ではない気がする。

休館したときに使っていたカレンダーが残されている。八月のお盆興行が近づくにつれて予定などの書き込みがどんどんなくなって、あとは空白だらけ。

父は閉館が辛すぎて思い出したくないのだろう。本当に記憶から消去したのではないかと思えるようになった。父にとって、何より辛かった閉館。いつかきっと再開してやろう。その意地と執念で父はずっと生きてきた。今もそれは変わらない。

劇場の終わりを語ることは父とわたしにとっては劇場の「死」を意味してしまう。人間誰しも死ぬことをそんなに簡単には語れない。

わたしの代で劇場は終わらせるような未来は想像したくない。そして父が閉館のことを思い出したくない気持も理解できるようになった。

時代の流れで、もはや常設での映画館営業再開は難しいが、あらたな本宮映画劇場の受け止められ方をして一〇年くらい経った。父は末娘のわたしに劇場を維持してもらいたい、そういう気持であることをはっきり感じている。

わたしは父のような才覚もないし、好き勝手に生きてきたのでお金もない。父もそのことはお見通しで、近頃は「あと三〇年はやれる」といっている。父が初代館主の祖父から、意外にも早く二代目のバトンを渡された分だけ、のんびりと三代目修業をさせてもらおうと思っている。

子どものころから、この劇場がいちばん好きな場所だった。映画館で育った末娘は、これからは映画館を生きていこうと決めている。

イラスト　東陽片岡

あとがき

フィルムやポスター、映写機といった「モノ」を通して劇場の記憶はよみがえります。映画史にも残らない映画会社や作品のこと、封切日から半年遅れの上映番組、田舎の映画館の日常を面白がっていただけたなら幸いです。

劇場の空気も感じてもらいたくて写真は自分で撮影したものです。劇場の写真は高校時代から数えきれないほどの枚数を撮り続けています。撮りためた写真を見比べていると思わぬ発見、役に立つことがあって、いつの間にかわたしのライフワークとなりました。「劇場がなかったらオレなんかただの人。こうしていろんな人と出逢うのは劇場のおかげなの」とは、父がよく口にするセリフ。

劇場に貼ってあるマリリン・モンローのポスター横の壁に「渚ようこノーリターン」とサインをした歌手の渚ようこさんは、天国の住人となり本当にノーリターンとなりましたが、渚さんの新宿ゴールデン街のお店「汀」で働かせてもらったことで、銀幕のなかの人々と出逢えました。それは古い日本映画の雰囲気を感じることでもありました。

ドキュメンタリー映画『旅する映写機』で当劇場を取り上げてくれた森田惠子監督も天国へ旅立ちました。あたたかい視線でとらえられた、全国の古い映画館、映写機、映写技師、その姿を日本全国に広めてくれた功績は大きく、同作のパンフレットは映写機の解説など貴重な資料でもあります。

フードコーディネーター・イラストレーターのｗａｔｏさんも天国へ。岩手県のジャズ喫茶ベイシーのお嬢様で個性的な父を持つ者同士、意気投合した親友でありました。

のんびり屋のわたしはこの本を書くのに約六年も時間がかかり、御三方に本をお見せできなかったことが悔やまれます。

不思議なご縁でつながった担当編集の青木真次さんは、劇場のことを一人でも多くの方に伝えたいというわたしの小さな頃からの夢を叶えてくれました。

タイトル文字を書いていただいた檜垣紀六先生、劇場のイラストを寄せていただいた東陽片岡先生、ブックデザイナーの倉地亜紀子さん、フィルム救済プロジェクトの方々、劇場を応援してくださる方々、本書を手に取ってくださった方々、皆様に心より感謝申し上げます。

今度は劇場でお会いしましょう。

来年、本宮映画劇場は創建一〇八周年を迎えます。

これからも、お引立てよろしくお頼み申し上げます。

二〇二一年五月　カーボンの灯とともに

本宮映画劇場三代目　田村優子

本宮映画劇場については、以下の文献や映画でも紹介されています。

●都築響一『独居老人スタイル』筑摩書房
●岡田秀則『映画という《物体X》』立東舎
●中馬聰『映画館』リトル・モア
●藤森照信・中馬聰『藤森照信のクラシック映画館』青幻舎
●郷田真理子「台風19号で被災した本宮映画劇場のフィルム救済プロジェクト」前篇・後篇『映画テレビ技術』二〇二〇年一一月号・一二月号
●柳下毅一郎「名画座秘宝　本宮映画劇場」『映画秘宝』二〇一五年一一月号
●大屋尚浩「港町キネマ通り」http://www.cinema-st.com/classic/c039.html
●映画『旅する映写機』森田惠子監督
●映画『ハーメルン』坪川拓史監督

イラスト／東陽片岡

田村優子（たむら・ゆうこ）
本宮映画劇場二代目館主・田村修司と妻・富久子のあいだに三人姉妹の三女として福島県本宮町（現・本宮市）に生まれる。安積女子高校（現・安積黎明高校）卒業、東京工芸大学で写真を学ぶ。大学卒業後はフリーのスタイリストとなり広告・雑誌などの仕事を続ける。現在、東京都内の名画座でアルバイト勤務、本宮映画劇場三代目として修業中の身。

場末(ばすえ)のシネマパラダイス
本宮映画劇場(もとみやえいがげきじょう)

二〇二一年六月三十日　初版第一刷発行

著　者　田村優子(たむらゆうこ)

発行者　喜入冬子

発行所　株式会社　筑摩書房
東京都台東区蔵前二-五-三　〒一一一-八七五五
電話番号　〇三-五六八七-二六〇一（代表）

デザイン　倉地亜紀子

印刷・製本　凸版印刷株式会社

ISBN978-4-480-81857-7 C0074